광고로 보는 근대문화사

차례
Contents

근대 광고 태동기(1876~1910)의 광고

광고가 아니라 고백

누군가에게 사랑 고백을 해 본 사람은 알리라. 고백하는 순간 얼마나 진심을 담아 전달하느냐에 따라 반응이 달라진다. 광고 메시지도 그렇다. 우리나라 최초의 신문광고인 세창양행 광고(「한성주보」, 1886.2.22.)에는 광고 대신 '고백(告白)'이라는 카피를 쓰고 있어 이채롭다. 마치 애인에게 사랑 고백을 하듯 소비자에게 제품에 대한 고백을 하고 있다.

한문으로 쓰인 카피는 모두 24행. 헤드라인은 "덕상세창양행고백(德商世昌洋行告白)"이다. '덕상'이란 독일 상사라는 뜻.

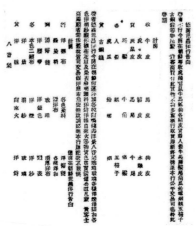

덕양세창양행고백(「한성주보」1886.02.22)

개화기 무렵에는 도이치(Deutsch)에서 '덕'이라는 음을 따와
독일을 덕국(德國)이라고 했다. 광고를 보면 세창양행이 한국
에서 사가는 물건에는 소, 호랑이, 말, 수달 가죽, 오배자, 동전
따위가 있고, 한국으로 들여와 파는 수입품에는 염료, 천, 허
리띠, 서양 못, 램프, 성냥 같은 서양 외래 물건이 있다. 세창양
행은 오퍼상이었던 셈이다. 광고에 나타난 '자래화(自來火)'라
는 성냥 이름이 재미있다. 부싯돌로 불을 붙이던 그 무렵, 스
스로(自) 켜지는(來) 불(火)이라는 뜻의 브랜드 네임을 붙였을
터. 당시 중국 상하이에서도 자래화가 인기였는데 당시에 성
냥이란 아찔할 정도로 놀라운 서양 문물이었을 것이다.

세창양행 광고는 우리나라 최초의 신문광고라는 데 의의가 크다. 또한, 사회·경제적 맥락에서도 우리의 개화기에 근대성 형성에 영향을 미쳤다. 근대성이란 한 사회가 정치·경제·사회·문화의 모든 면에서 구조적 변화가 진행되어 후진적 상태에서 보다 향상된 사회 구성체를 만들어가는 과정을 설명하는 용어로, 자본주의의 발전, 산업화, 도시화, 민족 국가의 등장, 민주주의의 전개, 개인적 자아의 존중, 과학적 세계관의 보편화, 시민사회의 발전 같은 요소가 근대성 형성의 지표이다.[1] 독일은 세창양행을 통해 우리의 소비 경제에 영향을 미치고자 했으며 세창양행 광고는 그 과정에 어느 정도 일조한 것으로 밝혀지고 있다. 개화기에는 이 광고 말고도 세창양행 광고가 많다. 세창양행 광고는 우리 사회에 서양 문물을 소개함으로써 근대성에 눈을 뜨게 했지만 독일의 경제적 첨병 역할을 하기도 했다.

대중적인 맥락에서 국내 최초로 광고물을 대상으로 전시회를 열었던 일민미술관의 한국광고 120년 전시회(2012)의 주제도 '고백'이었다. 「고백: 광고와 미술, 대중」이라는 전시회의 전체 타이틀에서 '고백'을 확실히 강조했다. 개화기 이후 한국에서 근대화 과정을 겪는 동안 광고가 소비자들에게 어떻게 속삭여왔는지, 그 아찔한 사랑 고백을 이 전시회에서 확실히 보여줬다.

근대적 시공간

개화기에 이르러 우리는 시간과 공간 그리고 인간을 '발견'했다. 이때 비로소 타임(time)의 번역어인 '시간'이라는 말이 때나 시각을 대체하고 등장한다. 「독립신문」 창간호(1896.4.7.)에 '우체시간표(우편물 배당시간)'가 실려 있는 것으로 보아, 근대적 신조어인 시간이라는 말이 대중적으로 널리 유포된 시점은 1896년 전후라고 할 수 있다. 곳이나 장소를 대체하는 '공간'이라는 말이 등장한 것도 이 무렵이다. 이른바 서구 용어의 번역어로써 근대적 시공간이 탄생한 셈이다.

진고개목도평시계포 광고(「제국신문」, 1902.8.25.)에서는 단지 시계와 자전거를 알리는 데 그치지 않고 근대적 시공간을 강조하고 있다. 광고의 오른쪽 상단에는 회중시계를, 왼쪽에는 자전거를 배치하였다. 카피는 다음과 같다. "각국 시계와 좌종(묵상 도구로 쓰이는 종)과 각색 자힝거(自行車, 자전거)와 부속하는 물건을 허다히 구비하야 헐하게 파오. 또 이번에 쟝석을 더 두고 시계며 자힝거 파샹. 개조도 솜씨 잇게 잘 하오."

광고 내용을 요약하면, 진고개(泥峴, 충무로) 시계점에서 여러 나라의 시계와 가지각색의 자전거를 많이 구비하여 싸게 파는데, 소비자가 원하면 자전거 개조도 마음대로 솜씨 있게 잘해준다는 것. 요즘 자동차 마니아들이 즐기는 자동차 튜닝

진고개목도평시계포 광고(「제국신문」, 1902.8.25.)

처럼 자전거 개조가 유행이었음을 알 수 있다. 그리고 광고에 시계와 자전거를 배치한 솜씨가 보통이 아니다. 자전거는 왼쪽으로 질주하는 형상이고 시계는 오른쪽으로 나아가고 있다. 빠르게 변해가는 도시에서 시계를 꺼내 보며 자전거를 타고 거리를 질주하는 모습은 근대의 속도감을 보여주기에 손색이 없다. 시인 이상이 「오감도」에서 묘사한 '13인의 아해(兒孩)'는 왜 거리를 산보하지 않고 질주했을까. 그 아이들은 혹시 보란 듯이 내달리는 당시의 폭주족이었을까?

우리는 이 광고에서 근대적 시공간이 어떻게 우리 사회에 스며들었는지 확인할 수 있다. 서구 용어를 번역한 시공간 개념은 물건의 사용으로 체화되었던 셈이다.

이민자의 호적초본

한국계 미국 공직자인 성김이 주한 미국대사로 부임했다
거나, 김용 다트머스대 총장이 국제부흥개발은행(세계은행)총
재로 공식 선출되었다는 뉴스는 실로 경이롭다. 지금은 이렇
게 변화한 100년을 넘긴 한국 이민사의 초창기 모습을 광고
가 증언한다고 하면 믿을 수 있을까? 하와이 이민자 모집 포
스터 광고(1903.8.6.)는 초기 하와이 이민사의 단면을 보여준
다. 1900년대 초반 우리나라 여러 항구에 붙었던 하와이 이민
모집 포스터는 "고시(告示)"라는 헤드라인에 "대미국 하와이
정부의 명령을 밧아 여좌
히 공포함"이라는 서브
헤드라인을 쓰고 있다.
이민에 필요한 일곱 가지
항목을 보디카피로 제시
했는데, 한 번쯤 이민을
떠나고 싶은 마음이 들게
한다. 보디카피 전문을
현대어로 고쳐 옮기면 다
음과 같다.

하와이 정부 이민 포스터(1903.8.6.)

- 하와이 군도로 누구든지 일신이나 혹 권속(일가족)을 데리고 와서 주접(住接: 한때 머물러 살기)하고자 하여 간절히 원하는 자에게 편리하게 주선함을 공급하노라.

- 기후는 온화하여 태심한(매우 심한) 더위와 추움이 없으므로 각인의 계절에 합당함.

- 학교 설립법이 관대하여 모든 섬에 다 학교가 있어 영문을 가르치며 학비를 받지 아니함.

- 롱부(농부)를 위하여는 매년이나 절기든지 직업 얻기가 용이한데 신체가 건강하고 품행이 단정한 사람은 여일하고 장구한 직업을 얻기 더욱 무난하고 법률의 제반 보호를 받게 함.

- 월급은 미국 금전으로 매삭(每朔: 매월) 15원(일본 금화 30원, 대한 돈으로 57원 가량) 씩이요 일하는 시간은 매일 10시간 동안이요 일요일에는 휴식함.

- 롱부에 유숙하는 집과 나무와 식수와 병을 치료하는 경비는 고용하는 주인이 지급하고 롱부에게는 받지 아니함.

- 대한제국에 이 공시를 공포하는 권(權)을 주는 사(事) 호노눌누.

  - 대미국 영지 하와이 이민감독 겸 광고대리 사무관 벤슨 고백

핵심만 요약하면 신체 건강하고 품행이 단정하면 일자리 얻기가 쉽고, 급여는 한 달에 15달러(일화 30원, 한화 57원)라는

것. 계산해보면 하루 10시간 노동에 일당 50센트요 시급 5센트인 셈이다. 1903년 당시 노동자의 일당에 비하면 높은 수준이다. 고달픈 생활에서 벗어날 기회였지만, 이민 1세대 입장에서는 돌아올 기약 없는 타국 생활에 선뜻 나서기란 쉽지 않은 선택이었을 터. 시간이 흘러 일본으로부터 해방된 직후 우리나라에 진주한 미군 가운데는 하와이 이민자의 2세도 있었다. 따라서 이 광고는 미국 이민자들의 정신적 호적초본이나 마찬가지였을 것이다. 이민 1세대의 희생이 엿보이는 이 광고가 있었기에 지금 재미교포 2, 3세들도 미국 사회에서 나름대로 건재하지 않겠는가. 하와이 농장에서 땀 흘렸을 이민 1세대의 모습이 선연하다.

아편처럼 강렬한 불빛

유가(油價)가 오르락내리락하면 기름 한 방울 나지 않는 우리나라 처지에서는 허둥대지 않을 수 없다. 개화기 무렵에는 과연 어떠했을까? 개화승 이동인(李東仁)이 일본에서 석유와 석유램프를 가지고 귀국하면서 이 땅에 상륙했다고 알려진 석유. 그 신기한 기름은 순식간에 우리네 안방을 차지했다. 우국지사이자 구한말의 문장가인 황현(黃玹)은 『매천야록(梅泉野錄)』에서 1880년(경진년, 고종17년)에 석유가 우리나라에서

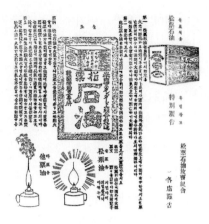

솔표석유 광고(『황성신문』, 1903.10.28.)

처음 사용되었다고 기록했다. "우리나라에서는 경진년 이후
처음으로 사용되었다. 처음에는 그 색깔이 불그스레하고 냄
새가 심했으나, 한 홉이면 열흘을 밝힐 수 있었다."[2]

　미국 스탠더드 오일의 솔표석유 광고(『황성신문』, 1903.10.28.)
를 보자. 스탠더드 오일은 1897년 12월, 인천 월미도에 석유
저장소를 만든 다음 '솔표'라는 브랜드로 석유를 판매했는데,
곧 우리나라 석유시장을 독점했다. 이 광고에서는 솔표석유
(松票油)와 다른 상표의 석유(他票油)를 재미있는 삽화로 비교
했다. 광고에 등잔 두 개를 그려 넣었는데, 다른 상표를 쓴 왼
쪽 등잔에서는 그을음이 많이 나지만 솔표석유를 쓴 등잔에
서는 그을음 없이 환하게 불을 밝히고 있다. 이른바 공격적 비

11

교 광고를 했던 셈이다. 우리는 여기에서 비교 광고의 원형을 확인할 수 있다.[3]

이 광고에서는 구체적으로 다른 브랜드를 명시하지는 않았다. 그렇지만 '타표유(他票油)'라는 한 마디로 다른 모든 브랜드들을 싸잡아 깎아내린다. 보디카피의 첫줄에서는 "화광(火光, 불빛)이 선명(鮮明)하고 유연(油烟, 그을음)이 부다(不多, 많지 않은)한 거시 상품(上品)이라"며, 불빛이 선명하고 그을음이 나지 않는다는 석유의 혜택을 명쾌히 제시했다. 이런 카피 메시지에 눌려 우리네 재래 기름은 서서히 시장에서 밀려나게 된다.

석유가 우리네 안방에 들어오면서부터 우리나라에서 예로부터 써오던 아주까리기름이나 송진기름은 사라져버렸다. 당시의 대표적인 머릿기름이었던 아주까리 동백도 시들어버릴 수밖에. 그때나 지금이나 외국의 거대 자본에 의해 기름 시장이 요동치고 있으니, 기름 한 방울 나지 않는 나라에서 살아가는 우리네 속마음은 답답하기만 하다. 근대인이 되려고 몸부림치며 1900년대를 살아가신 분들에게, 석유가 밝혀주는 등잔 불빛이 설령 "아편처럼 강렬하게 마음을 사로잡는 풍경" (말라르메의 시 「목신의 오후」 일부)이 되었다고 할지라도 말이다.

위생에 유익한 담배

흡연 인구가 갈수록 줄고 있다. 금연하면 회사에서 격려금을 준다거나 흡연자는 승진에서 탈락시킨다는 소식은 흡연자들의 마음을 더더욱 옥죄고 있다. 그렇지만 그때 그 시절엔 사정이 달랐다. 제물포지권련급연초회사(濟物浦紙卷煙及煉草會社)의 광고(「대한매일신보」, 1905.12.28.)에서는 담배가 건강에 좋다고까지 하고 있으니, 애연가들은 타임머신을 타고 개화기로 돌아가야 할까? 지권련(紙卷煙)이란 지금처럼 종이로 만든 담배인데 '궐련'이라 발음했으며 당시에 지위의 상징으로 통

제물포지권련급연초회사 광고(「대한매일신보」, 1905.12.28.)

13

할 만큼 고급품이었다. 서민들이 봉지담배를 피웠다면 궐련은 부자들이 애용했다.

광고에 등장하는 담배 브랜드를 오른쪽부터 소개하면, 거미표(Spider), 태극표(Key), 원시경표(Telescope)이다. 삽화로 그려낸 담배 이름 밑에는 미국 버지니아 생산품이라는 설명을 영어로 덧붙였다. 카피는 다음과 같다. "이상 3종은 상품으로 제조하야 위생상에 지극 유익하오니 무론(毋論, 물론) 모인(某人, 누구나)하고 본사에 내방(來訪)하압." 지금 기준에서 볼 때는 광고 사후 심의에서 당연히 게재 금지 판정을 받을 내용이다. 요즘의 담뱃갑 경고 문구가 무색할 정도로 담배를 지극히 유익한 것으로 묘사했으니 말이다.

이 시기의 담배 광고에서는 발음하기도 어려운 영어 브랜드 이름을 짓고 한글로 설명하는 스타일이 유행했다. 1905년 당시 영어를 아는 사람이 과연 몇이나 되었으랴만 알거나 모르거나 상관하지 않았다. 예를 들어 오루도 히이로(Old Hero), 호옴(Home), 하아로(Hallo), 고인(Gold Coin), 바진(Virgin), 호니(Honey), 꼬루도후잇슈(Goldfish), 리리이(Lily) 같은 담배 브랜드의 이름을 보라. 기발하게도 뷰티(Beauty) 담배를 관기(官妓: 관청의 기생)로 번역하기도 했다. 영어 브랜드 이름은 이국적인 느낌만 주는 그 어떤 역할을 하는 것에 불과했다. 아무 뜻도 없이 뭔가 이국적인 이미지를 위해 붙여진 담배 브랜드 이름에서, 맹목적으로 외국 브랜드를 선호하는 우리네 소비 성향의 속내를 들여다본다. 박정자가 지적했듯이, 그 시절에도 사람들은 향유가 아니라 기호로써 소비하는 데 익숙했던 듯하다.[4] 또한, 위생에 유익한 것에서 백해무익하다는 오명을 얻게 된 담배를 통해 애착의 대상은 언제든 변한다는 사실도 발견할 수 있다.

낭만에 대하여

위스키가 없었다면 폭탄주 제조를 하지 않았을까? 만약 그렇다면 "오늘의 병권은 내가!"라고 하면서 낭만적인 분위기를 한껏 띄우는 주당들의 허세도 사뭇 달라졌을 터. "그야말로 옛날식 다방에 앉아 도라지 위스키 한 잔에다 짙은 색소폰 소릴 들어보렴" 하고 부르는 '낭만에 대하여(가수 최백호의 노래)'의 노랫말도 달라졌으리라. 우리가 지레 짐작하듯 개화기에 살았던 사람들이 전통적인 막걸리만 마셨던 게 아니었다. 놀라지 마시라. 서민들은 언감생심 꿈도 꾸지 못할 일이었겠지만 일부 특권층은 위스키도 마셨으니까.

대창양행의 위스키 광고(「만세보」, 1906.11.5.)를 보자. 위스키 병 모양을 제시하고 "우이스기(위스키) 상품(上品) 직수입"이라는 헤드라인을 썼다. 곧바로 다음과 같은 보디카피가 이어

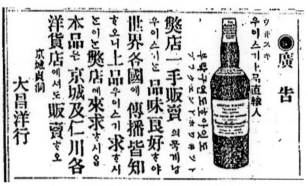

대창양행 위스키 광고(『만세보』 1906.11.5.)

지고 있다. "폐점(弊店, 저희 상점) 일수(一手, 독점) 판촉의 묵계
남 우이스기 난 품미(品味, 맛) 양호하야 세계 각국에 전파 개
지(皆知, 모두 앎)하오니 상품(上品) 우이스기 구하시난(구하시
는) 이난(이는) 폐점에 내구(來求, 방문하여 구함)하시압. 본품은
경성 급(及, 및) 인천 각 양화점(洋貨店)에서도 판매하오."

   요약하자면, 위스키를 독점 판매하기로 묵계했으니 필요
한 분들은 직접 상점에 와서 사가라는 뜻. 두루 알다시피 스코
틀랜드의 토속주였던 위스키는 1900년대 초에 대량으로 생
산하면서 전 세계에 널리 퍼졌는데, 개화 바람을 타고 우리나
라에도 벌써 들어왔던 것이다. 광고에서도 세계 각국에 전파
되어 '모두 알고 있다(皆知)'는 점을 강조했다. 그만큼 양품(洋
品) 바람이 세차게 불었다고나 할까.

더욱이 일제강점기 이전인 1906년에 '우이스기(ウイスキ)'라며 일어를 병기한 것을 보면 일본의 야심은 우리네 일상생활에 이미 깊숙이 침투해 왔음을 알 수 있다. 도라지 위스키든 스카치나 몰트 위스키든, 위스키를 마실 때면 이래저래 낭만적인 기분에 젖어들게 마련이다. 그렇지만 폭탄주 제조만 하지 말고, 이 광고를 보면서 '정치적인 지배보다 더 정교한 전략은 상품을 활용한 문화적 지배'라는 생각을 한 번쯤 해보는 건 어떨까? 상품마다 해괴한 영어 브랜드 이름을 써서 우리에게 '글로 벌'을 주고 있는 글로벌(global) 시대에는 더더욱 말이다.

하루쯤 모두 흰옷을

우리는 지금 형형색색의 옷을 입고 자신의 맵시를 마음껏 뽐낸다. 하지만 우리에게는 백의민족(白衣民族)이라는 말이 있다. 전통적으로 흰옷을 즐겨 입었기에 얻은 별칭이다. 이상하게도 색깔은 사람들을 단합시키는 힘이 있다. 2002년 한일월드컵 당시 붉은 악마를 비롯한 붉은색 물결을 생각해보라. 기업이나 단체에서 구성원들에게 같은 색상의 유니폼을 입히는 것도 같은 맥락에서이다. 이런 이유로 일본은 조선인들이 흰옷으로 뭉치는 걸 심히 경계했다.

룡표 꼿표 마름모표 물감 광고(「만세보」, 1907.6.27.)에서는 흰

17

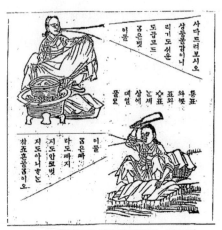

룡표 꼿표 마름모표 물감 광고(『만세보』 1907.6.27.)

옷을 그냥 입지 말고 염색해서 입으라고 한다. 할머니가 물들이는 옷감을 양 손으로 쫙쫙 펴며 "이 물감은 빗도 곱고 드리기도(물들이기도) 쉬운 상등 물감이니 사다 드려 보시오"라고 권한다. "룡표와 꼿표와 ◇표난 세상에 데일 물감"이라면서 용표, 꽃표, 마름모표가 세상에서 가장 좋은 염료라고 강조했다. 며느리로 보이는 여성은 방망이를 두드리고 빨래하며 "이 물감은 빠라도(빨아도) 빠지지도 안코(않고) 벗지도 아니하난 참 죠흔 물품이오"라고 한다. 이 광고에서는 라인 드로잉(line drawing)으로 모델의 입에서 카피가 튀어나가는 레이아웃을 했는데, 요즘 기준으로 봐도 뒤지지 않는 섬세한 디자인이다. 더욱이 이 광고는 상품을 사용해본 사람이 자신의 경험을 말하는 증언식 기법을 쓰고 있는데, 일본의 흰옷 배척 운동이라는 정치적 의도를 현재 우리에게 증언하고 있다.[5]

1905년 10월, 당시의 경무사(警務使, 경찰청장) 신태휴는 흰옷은 비위생적이며 미개한데 비해 검은 옷은 위생적이며 문명의 징표라고 강조하며, 검은 옷을 입으라는 법령을 반포했다. 순검(巡檢, 경찰)들은 흰옷 입은 사람들을 잡아 옷에 '흑(黑)' '묵(墨)' '염색(染色)' 같은 글자를 써대며, 염색하지 않으면 안 되게끔 횡포를 부렸다. 따라서 사람들은 흰 천을 사고 일본산 염료를 구입해 염색해서 옷을 지어 입을 수밖에 없었다. 이로 인해 일본의 염료 기업들은 우리나라에 진출하는 발판을 차곡차곡 다져나갔다. 그토록 손쉽게 말이다. 외국 패션 브랜드는 알아도 백의민족이 뭔지 모르는 젊은이들이 늘고 있는 상황에서 하루쯤 날을 잡아 모두 흰옷을 입어보면 어떨까. 이제와 새삼, '흰옷 입는 날' 국민 캠페인을 제안해본다.

들이대기의 미학

찰칵! 꽃잎이 분분히 날리는 봄날, 누구나 디지털 카메라를 들이댄다. 스마트폰으로도 한 컷. 사진이란 찍는 게 아닌 들이대기의 미학이다. 1902년, 알프레드 스티글리츠(Alfred Stieglitz)

가 새로운 사진의 기치를 내걸었던 사진 분리파 운동은 아시아에도 영향을 미쳤다. 우리나라에서는 초상사진과 기록사진을 찍는 촬영국(撮影局)이 1883년 서울 대안동(大安洞, 안국동 일원)에 처음 생겼다. 사업가 황철이 청나라 상하이에서 촬영기술을 배우고 사진기를 구입해 와서 자신의 사랑채를 개조해 조선 최초의 사진관을 열었던 것.

천연당(天然堂)사진관 광고(「대한매일신보」, 1907.9.26.)에서는 "특별염가 불변색(不變色)"이라는 헤드라인 아래, "부인(婦人)은 내당(內堂, 부녀자들이 거처하는 방)에서 부인(婦人)이 촬(撮)하고 출입(出入)이 심편(甚便, 매우 편하게)함"이라는 보디카피를 쓰고 있다. 천연당사진관은 1907년 8월부터 9월에 걸쳐

천연당사진관 광고(「대한매일신보」 1907.9.26.)

당시의 신문에 여러 차례 시리즈로 광고를 냈다. 이 광고에서는 '남녀칠세부동석'이라는 인식이 아직 팽배해 있어 남녀가 함께 사진 찍기를 꺼렸다는 그 당시 사람들의 심리를 엿볼 수 있다.[6] 여성의 사진 촬영은 고용된 여자 사진사가 맡는다면서 여성들에게 호소하고 있다. 이밖에도 사진관 입구에서 남자를 마주치지 않을 정도로 출입이 편하다는 점을 강조했다. 이른바 소비자 혜택을 강조한 것이다. '불변색'이라는 카피에서 알 수 있듯이, 지금 같은 총천연색은 아니어도 색을 입히는 기술이 상당히 뛰어났으리라 추정할 수 있다.

사진이 보급되어도 서민에게는 여전히 그림의 떡이었지만, 사진관은 기존의 초상화 시장을 점차 잠식해 나갔다. 초상사진과 풍경사진 같은 기록성과 객관성을 중시하는 사진이 등장하자 전통 회화에 익숙하던 조선인의 시각체계 역시 서서히 바뀌게 된다. 그러나 사진에 찍히면 혼령이 달아난다고 믿었던 사람들도 많아, 사진이 대중화되기까지는 20여 년의 세월이 더 필요했다. 고종의 어진을 그려 유명해진 채용신(蔡龍臣)이 근대 초상화의 거장으로 자리매김한 데는 사진과 똑같은 초상화를 그리겠다고 선전했던 비즈니스 감각도 한 몫 했을 터. 그런데 어쩌나, 사진은 그때 벌써 위력적으로 들이대는 신문명으로 자리 잡아가고 있었으니.

스토리텔링

　새삼스럽게도 스토리텔링이라는 말이 유행하고 있다. 영어로 표현하면 뭐가 있고 우리말에는 아무 것도 없다는 듯이 『춘향전』이나 『심청전』은 거들떠보지 않던 사람들도 이제 스토리텔링의 시대라고 하면서 열을 올린다. 영어 표현이니까 뭔가 더 있겠지 싶겠지만 우리말로 이야기하기 아닌가. 이야기란 '귀로 먹는 약(耳於藥)'이나 '약보다 이로운 것(利於藥)'이라는 말에서 유래했다. 우리는 이야기하기를 좋아하며 이야기를 하는 본능이 있고, 이야기를 하면서 사회구조를 이해

『소인국표류기』 광고(『소년』, 1908.11.1.)

한다. 최근에는 이야기하는 사람을 뜻하는 신조어 호모 나랜스(Homo Narrans)가 만들어지기도 했다.

신문관에서 발행한 『소인국표류기』의 광고(『소년』, 1908.11.1.)에서는 이야기를 강조하고 있다. 최남선과 최창선 형제가 주도했던 우리나라 최초의 종합월간지 『소년』 창간호에 실렸던 책 광고다. 책 제목을 헤드라인으로 삼아 다음과 같은 보디카피를 덧붙였다.

"이 책은 순 국문으로 '껄니버여행기'의 상권을 번역한 것인데, 우리의 듀머니(주머니)에도 열아문(여남은) 스무나문(이십여) 스식(씩) 딥어너흘만한(집어 넣을만한) 알(아는) 사람 사난(사는) 곳에 드러가(들어가) 그 닌군(임금)의 사랑을 밧고 행세하던 이약이(이야기)라 긔긔묘묘한(기기묘묘한) 온갓(온갖) 경력이 만소(많소)." 요약하면, 우리말 번역본이며 주머니에 10~20명은 넣을 수 있는 사람들이 사는 곳에 들어가 그 곳 임금의 사랑을 받고 행세하던 걸리버가 겪어나가는 이야기가 흥미로운 책이라는 뜻이다.

조너선 스위프트의 『걸리버여행기』 총4부 중에서 제1부인 소인국(릴리퍼트)의 출판을 알리는 고지 광고이다. 제목 아래에 '금월말 출수(出售)'라고 강조했다. 출간 대신 출수(물건을 내서 팔기 시작함)라고 썼던 데에서 출간이나 출판이라는 말은 훨씬 나중에 사용되었음을 알 수 있다. 광고 왼쪽에서 말하고 있는 첫 번째 주문규정은 "본관에서 발간하난 도서는 모다(모두) 전금(前金, 선금)을 요하나니 전금이 아니면 발송티 아니하옵"이다.

지금은 흥미로운 이야기의 창작이 더 중요한데도 이야깃거리 만들기에 몰두하지 않고, 스토리텔링이나 콘텐츠라는 말을 구호로만 제창하고 있는 경우도 많아 안타깝다. 앞으로는 기기묘묘한 온갖 상상력이 깃든 이 이야기를 더 듣고 싶다. 스토리텔링이 중요하다고 더 이상 말로만 외치지 말자.『걸리버 여행기』같은 흥미진진한 서사가 정말 기다려진다.

여수의 에펠탑

두 번씩이나 세계적인 박람회를 개최한 나라, 대한민국. 지난 1993년 대전엑스포에 이어 20년 만에 우리나라는 2012 여수세계박람회를 개최했다. "살아 있는 바다, 숨 쉬는 연안"이라는 주제 아래 볼거리, 먹거리, 즐길거리가 많아 이래저래 화제였다. 시간을 거슬러 올라가보자. 1909년에 미국 시애틀에서 만국박람회가 열렸는데, 그때 우리나라 기업에서도 참여한 흔적이 있다.

한미흥업주식회사의 미국시애틀박람회 광고(「황성신문」, 1909.4.2.)를 보자. 광고 상단에 오른쪽에서 왼쪽으로 읽도록

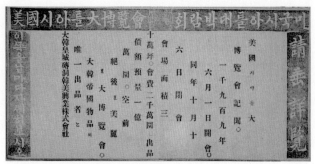
한미흥업주식회사 미국시애틀박람회 광고(『황성신문』, 1909.4.2.)

"미국시아틀대박람회"라고 쓰고, 다시 왼쪽에서 오른쪽으로
읽도록 "美國시아틀大博覽會"라고 썼다. 헤드라인을 두 번
씩 강조했던 셈. 오른쪽 내리닫이로 '청수상람(請垂詳覽, 자세
히 보시기를 청함)'이라고 쓴 다음, 왼쪽 내리닫이로 '이 쪽을 날
마다 자세히 보시오'라고 지시하며 시리즈 광고임을 알렸다.
3월 20일의 첫 광고 이후 4월 8일까지는 매일, 9월 7일까지는
주1회 정도 나갔으니 대대적인 박람회 캠페인이었다.

보디카피는 다음과 같다. "미국시아틀대박람회 기문(記聞,
들은 것을 기록함). 1909년 6월 1일 개회. 동년 10월 16일 폐회.
회장(會場, 대회장) 면적 30만평. 회비 2천만환(圜). 출품가액
예량(預量, 추정액) 1억만환. 공전절후(空前絶後, 전에도 없었고 앞
으로도 없음)흔 미려(美麗)흔 대박람회. 대한제국 물품의 유일
출품자는 대한황성 전동 한미흥업주식회사." 시애틀박람회의

개요를 설명하고 한미흥업 상품이 대한제국에서 유일하게 출품된다는 점을 강조했던 광고다.

시애틀박람회는 나름대로 성공적인 대회로 평가받았지만 그걸로 끝이었다. 박람회가 끝난 후 대회의 기억을 이어가지 못했다. 하지만 1889년 파리세계박람회는 에펠탑이라는 상징물을 남겼다. 흉물스러우니 철거해야 한다는 숱한 반대를 무릅쓰고, 파리 시장은 파리의 상징물로 만드는 데 공을 들여 지금의 에펠탑이 있게 했다. 자주 보다보면 없던 정도 생긴다는 '에펠탑 효과'라는 커뮤니케이션 사례도 남겼다.

대전엑스포 하면 떠오르는 것이 거의 없는 지금, 여수엑스포는 우리에게 무엇을 남겼는지 다시 곱씹어보자. 버스커버스커의 노래 '여수 밤바다'도 귓전에 남겠지만, 우리 모두에게 집단적 기억으로 남을 여수엑스포의 브랜드 가치를 키워가야 한다. 박람회가 끝나면 방문객들이 만들어가는 새로운 엑스포가 시작되기 때문이다.

일본 제도 도입기(1910~1920)의 광고

환자는 손님이었다

과잉 진료를 권하는 병원의 문제점이 자주 거론되고 있다. 핵심 쟁점은 정부의 영리법인 허용정책이 병원의 과잉진료를 키웠다는 사실이다. 모든 병원에 해당되는 문제는 아니겠지만 언제부터 우리는 과잉 진료가 아닌지 의심하면서도 울며 겨자 먹기로 의사가 시키는 대로 해야 하는 경우가 많았다. 병원은 갑이요 환자는 을의 입장에 서야 하는 것이 지금의 현실이다. 하지만 초창기의 근대적 의료 환경은 지금과는 사정이 달랐다.

특별광고

제중원의 특별 광고(『대한매일신보』, 1910.3.10.)에서 확인해
보자. "본 병원은 한국의 일반 인민을 위하야 셜립(설립)함은
여러분이 이믜(이미) 아난 버어니와(알고 있듯이) 지금브터난
(지금부터는) 사무를 일층 확장하고 병을 더욱 졍밀히 보기 위
하여 오젼 열시브터 오후 네시까지 진찰하오며 또 특별 진찰
소를 셜시(설치)하고 사쇼(약간)의 진찰비를 밧고(받고) 귀한 손
님의 편리함을 도모하오니 진찰하실 여러분은 죠량(照諒, 살펴
서 헤아림)하시압. 다만 특별한 경우에는 아모(아무) 때든지 쳥
구하난(요청하는) 대로 응함. 경셩 남대문 밧(밖) 제즁원 백"

알다시피 제중원은 미국의 선교사 알렌이 1885년에 세웠
던 최초의 근대식 국립 병원이다. 광고 내용을 요약하면, 보다
정밀한 검진을 위해 특별 진찰소를 설치해 약간의 진찰비를
받고 '손님'의 편리함을 도모하며, 필요할 때는 언제든지 손님
의 요청대로 응하겠다는 것. 여기에서 환자를 손님으로 대우

했다는 점에 특히 주목할 필요가 있다. 말로는 고객이라 하면서도 실제로는 과잉 진료로 부당 이득을 챙기는 어떤 병원들의 가짜 고객중심주의와는 사뭇 다르다.

이 광고를 지금 우리가 주변에서 볼 수 있는 병원 광고들과 비교해보자. 헌법재판소의 2005년 판결로 병원 광고가 허용되었다. 50년 만에 병원 광고의 금지 조항이 해제된 것. 그런데 해도 너무하다. 과장 광고도 많고 신문기사처럼 편집한 기사성 의료 광고가 넘쳐나고 있다. 하지만 눈을 씻고 찾아봐도 제중원 같은 광고 메시지는 만나기 어렵다. 의료 상업화라는 바이러스가 창궐하면 그 폐해도 환자들에게 고스란히 전이된다. 병원이 을의 입장에 서서 환자를 진정한 손님으로 모시는 인식의 전환이 필요한 때다.

커피숍의 변천사

좀 과장해서 말하면 커피 전문점을 비롯한 각종 담소 공간이 한 집 건너 하나꼴로 생겨나고 있다. 심지어 대학 캠퍼스에 입점해 있는 여러 브랜드의 카페는 또 얼마나 많은가. 일본인들이 고종 황제께서 커피를 사발로 드시도록 권고해 커피에 인이 박이게 했다는 기록을 보며, 그냥 웃어넘기기에는 너무나 안쓰러운 제국의 황혼을 읽는다. 어쨌든 일제강점기가 시본다옥(茶屋)에 경흥시오 ◉한번구경하시오 쓰고그와모과슈와전복과소라 요부인은초져오시면편리토록 와겟느이오니 한번시험하심을 응호라느이다 만흥즁로어물젼칠방 婦人茶屋 朴貞愛 박정애 고백

부인다옥 광고(「매일신보」, 1911.6.7.)

작된 그 암울한 시절에도 한량들은 다방에서 노닥거렸다.

부인다옥 광고(「매일신보」, 1911.6.7.)에서는 "한번 구경하시오"라는 헤드라인 아래 당시의 다방 풍경을 자세히 소개하고 있다. 보디카피는 다음과 같다. "본 다옥 (茶屋, 다방)에서 동서양 각종 과자와 모과슈와 전복과 소라와 아이쓰크림과 사이다 각종 차도 구비하압고 쳐소(실내)도 정결(청결)하오니 여러 신사와 부인은 차져오시면(찾아오시면) 편리토록 슈응(酬應, 남의 요구에 응함)하겠사오니 한번 시험하심을 천만 바라나이다. 鍾路魚物廛七房종로어물전칠방 婦人茶屋부인다옥 朴貞愛박정애 고백."

한번 시험 삼아 다방에 들러보라는 말인데, 당시의 다방에서는 과자와 아이스크림도 팔았고 심지어 소라와 전복도 판매했음을 알 수 있다. 다방 주인은 남자가 아닌 박정애라는 여자. 신사와 부인이 함께 들르라고 했다는 점에서 여성의 다방

출입이 자유로웠음을 말해준다. 한자를 모르는 여성을 배려해 한글로 음도 달았다.[7] 1911년, 우리나라 최초의 카페로 알려진 '타이거'가 남대문통 3정목(丁目, 남대문로 3가)에 문을 열었다. 박정애 역시 새로운 사업 아이템으로 찻집을 생각했으리라. 이 광고에서 정치적으로 어두운 시절에도 사람들은 여가나 일상생활을 '즐겼다'는 사실을 확인할 수 있다.

시간이 흘러 1930년대는 다실이나 카페의 황금기였다. 모던 보이들이 그곳에서 자유연애를 즐겼고, 카페 종업원들을 대상으로 『여성』이라는 잡지가 발행될 정도였다. 우리나라의 대중적 담소 공간은 다옥, 다실, 다방, 카페, 커피숍(찻집), 인터넷 카페 순으로 그 이름이 변해 왔다. 명칭은 존재를 규정한다. 시골 장터에 아직도 간혹 남아 있는 다방에 선뜻 들어가기가 꺼려지는 것도 그 때문. 커피 바리스타를 꿈꾸지만 말고, 커피숍의 변천사에서 희미한 옛사랑의 그림자를 밟아보자. 그래야 원두를 제대로 볶을 수 있다.

부고를 하려면

자식이라면 누구나 부모상을 당했을 때 주위 사람들에게 기별을 한다. 그런데 사적으로 기별하지 않고 부음을 광고로 알리는 사람들도 있다. 이른바 명망가에서나 가능한 일이다.

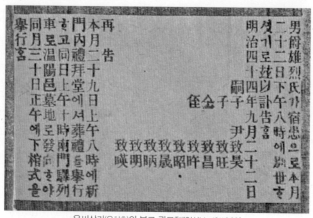

윤씨상가(윤치호)의 부고 광고(「매일신보」, 1911.9.26.)

보통 사람들 집안에서는 그렇게 널리 알릴 만한 명성도 없거
니와 무척 비싸게 먹히는 부고 광고료를 감당하기도 어렵기
때문이다.

윤씨상가(윤치호)의 부고광고(「매일신보」, 1911.9.26.)에서 요
즘 부고광고의 전형적인 모습을 발견할 수 있다. "남작(男爵)
웅렬 씨가 숙환으로 본월 22일 하오 8시에 별세하셨기로 자
이(玆以, 이에) 부고함. 명치 44년 9월 22일. 사자(嗣子) 윤치호
(중략)" "재고(再告) 본월 29일 상오 8시에 신문 내 예배당에서
장례를 거행하고 동일 상오 10시 남문역 열차로 온양읍 묘지
로 발향(發向, 출발)하야 동월 30일 정오에 하관식을 거행함."

윤치호의 아버지 윤웅렬은 대원군에 의해 발탁되어 군부

대신을 지냈으며 일본 황실로부터 남작 칭호를 받았다. 국가 원수급도 아닌데 9일장은 좀 심했다. 박정희 전 대통령의 국장은 법정 최고기간인 9일장이었고, 김대중 전 대통령의 국장은 6일장이었다. 언제나 그렇듯이 부고광고는 망자보다 그 자식들에 초점을 맞춘다. 윤치호(尹致昊)가 누구인가. 여기에서, 인생 후반기에 친일파 이토치카우(伊東致昊)로 살았던 그의 친일 행적을 굳이 들추고 싶지는 않다. 다만 그가 60년 동안 일기를 썼는데 시기별로 한문, 한글, 영어 순으로 쓴 『윤치호 일기』를 남겼던 시대의 풍운아이자 한때는 고뇌하는 지식인이었다는 점은 강조하고자 한다.

고려시대나 조선시대의 부고에는 지금처럼 가족 상황, 발인일시, 장지를 쓰지 않았다고 한다. 개화기 무렵부터 지금의 부고 형식이 굳어진 듯하다. 우리나라의 부고는 이 광고에서처럼 자식들 이름 위주로 나열하는 형식이다. 영미 문화권의 부고에서 고인의 인생 이력이나 어록을 남기는 것과는 대조적이다. 우리와 문화가 다르기는 하지만 자식이 아닌 고인 위주로 서술하는 것이 더 바람직하지 않을까? 또한, 집안의 대를 이을 장자라는 뜻인 사자(嗣子)라는 말을 윤치호의 이름 위에 썼고 지금도 그렇게들 쓰고 있는데, 이 용어의 사용도 자제했으면 싶다. 우리 시대에는 아들 위주의 대물림이 꼭 미덕이라고만은 할 수 없으니까. 굳이 격식을 차리고 싶다면, 아버지 상중에 자식이 스스로를 가리키는 고자(孤子)나, 어머니 상중에 자신을 가리키는 애자(哀子)라는 말을 쓰는 게 어떨까? 이런 말이 자식의 슬픔을 더 잘 나타내지 않겠는가.

역사로 남는 축하광고

이런저런 축하광고들이 늘고 있다. 광고 물량이 늘어나는 일은 반갑지만 메시지 내용은 반갑지 않다. 광고란 어디까지나 상품 판매를 위한 수단일 뿐이다. 특히, 국가적 대사를 기념하는 축하광고에서는 광고가 역사적 기록으로 남는다는 점에 주목해야 한다. 좀 더 섬세한 고민 끝에 카피를 써야 한다는 뜻이다.

화평당(和平堂)대약방 광고(「매일신보」, 1911.10.1.)에서는 "축 총독부 시정(始政) 1주년 기념"과 "팔보단(八寶丹) 발견인 이응선"이라는 두 개의 헤드라인을 썼다. 이어서 "현금(現今, 요즘) 추기(秋氣, 가을 날씨)가 점냉(漸冷, 점점 차가워짐)한데 유래(由來)의 서독(署毒, 더위 먹음)을 능소(能銷, 없앰)하며 장습(瘴濕, 배탈 설사 같은 풍토병)을 전제(全際, 제거)하고 여역(癘疫, 전염성 열병)을 예방하며 복위(腹胃, 뱃속)난 강건(康健)하고 심기를 청쾌(淸快, 맑게)하야 위생의(위생에) 제일 필요토록 특제 발매함"이라는 보디카피를 덧붙였다.

화평당(和平堂)대약방 광고
(『매일신보』, 1911.10.1.)

이응선의 화평당은 이경봉이 운영하던 제생당의 비즈니스 맞수로써 구한말 의약업계 최대의 광고주였다. 그는 "광고는 가급적 기이한 의장(意匠, 디자인)과 평이한 문자를 사용해야 한다"(『매일신보』, 1916.3.5.)며, 일찍부터 광고의 중요성을 강조했다. 따라서 그는 제복을 입고 의자에 앉은 자기 모습을 삽화로 그려 지면의 중앙에 배치하고 "팔보단 본가난 경성 종로 화평당대약방 주인 이응선"이라 소개함으로써, 스스럼없이 광고 모델이 되었다. 광고 신봉자답게 약의 효능 효과를 나열한 족자를 들고 광고 속 광고까지 하고 있다.

그는 왜 이런 축하광고를 했을까? 지금도 국가적인 대사가 있을 때는 축하광고를 하는 관행이 있다. 필요해서 하는 광고도 있겠지만, 보이지 않는 손이 하는 기획에 따르거나 권력에 아부하며 존재감을 알리는 수단으로 하는 광고도 많다.[8] 화평당 말고도 여러 개인이나 상점에서는 1911년 10월 들어 신문들에 조선총독부 1주년을 기념하는 광고를 많이 게재했다. 이제 와서 그런 광고 행위를 탓해 뭐하겠나? 다만 정통적인 역사 사료에서 누락된 증거들도 광고에 세세히 남는다는 점을 잊지 말아야겠다. 이래저래 미치도록 고민스럽게 하는 것이 광고(狂苦)다.

유학생의 연어 본능

2012년 10월, 정부는 제12차 교육개혁협의회를 열고 '스터디 코리아 2020 프로젝트' 추진계획(2013~2020년)을 확정한 바 있다. 2020년까지 세계 각국의 우수한 외국인 유학생 20만 명을 유치한다는 것이다. 2004년에 수립한 외국인유학생유치 정책을 발전시킨 내용으로, 세계 각국의 우수한 학생들을 유치해 한국 고등교육의 글로벌 경쟁력을 강화하겠다는 것이다. 20만 명을 유치하면 계획대로 글로벌 경쟁력이 강화될까? 한 세기 전 유학 안내광고에서 작은 생각의 집을 지어보자.

일본인들도 입학하기 어려운 대학으로 알려진 도쿄데이코쿠대학(東京帝國大學) 광고(「매일신보」, 1911.10.4.)에서는 "동경유학안내"라는 헤드라인으로 유학을 권고하고 있다. "본학(本學)은 국가의 수요에 응(應)하난 문과의 학술을 교수(敎授)하도쿄데이코쿠대학(東京帝國大學) 광고(「매일신보」, 1911.10.4.)

야 기(其) 온오(蘊奧, 깊고 오묘함)를 공구(攻究, 연구)함으로써 목적(目的)"한다고 하면서 동경 유학의 필요성을 다소 거창하게 설명했다. 당시 동경제국대학 문과대학에서는 철학과, 문학과, 사학과를 3년제로 개설해 문사철 위주의 교과과정을 꾸렸음도 확인할 수 있다.

동경제국대학의 이 광고가 나간 다음, 「매일신보」에는 와세다(早稻田)대, 게이오기주쿠(慶應義塾)대, 고쿠가쿠인(國學院)대, 릿교(立敎)대, 메이지(明治)대, 니혼(日本)대, 호세이(法政大)대, 아오야마가쿠인(靑山學院)대 같은 여러 대학으로 유학 오라는 광고가 줄을 이었다. 이는 1945년 9월 미군정이 시작된 이후 간헐적으로 혹은 폭발적으로 계속된 미국 유학 열풍과 흡사하다. 더욱이 외국에 나가 공부하는 우리의 초중고생 숫자도 갈수록 늘고 있다.

유학이란 문자 그대로 잠시 머무르며(留) 공부하는(學) 것. 바꿔 말해서 공부를 마치면 떠나온 곳으로 돌아간다는 뜻이다. 유학하는 동안 별문제가 없었다면 그 나라에 친근한 감정을 느끼리라. 일본 유학파나 미국 유학파가 그 나라에 좋은 감정을 갖는 것은, 바꿔 말해서 그 나라의 유학생 정책이 성공했다는 방증이다. 그런데 우리의 경우에는 한류열풍에 따라 친한 감정을 갖고 한국에 온 유학생들이 반한(反韓) 감정을 갖고 돌아가는 비율도 급증하고 있다. 따라서 한국에 대해 호감을 갖고 돌아가도록 섬세하게 배려하는 유학생 정책이 20만 명이라는 양적 성과보다 중요하다. 그들은 연어처럼 돌아가 본능적으로 호감 또는 비호감의 알을 낳기 때문이다.

소리가 머무는 기계

버스에서든 지하철에서든 거리에서든 이어폰을 꽂고 음악을 듣는 사람들이 많다. 이제 MP3를 넘어 스마트폰으로 음원을 다운 받아 음악을 듣는다. 「위대한 탄생」 「K팝스타」 같은 오디션 프로그램은 가수 지망생으로 북새통을 이루고 있다. 개화기 이후 일제강점기 동안 유성기가 보급되면서 대중가요의 개화기(開化期)에 접어들었는데, 이제 노래방 열풍을 거쳐 누구나 가수가 되어 노래의 꽃을 피울 수 있는 개화기(開花期)가 되었다.

해동상회 유성기 광고(「매일신보」, 1911.10.31.) 에서는 "유성

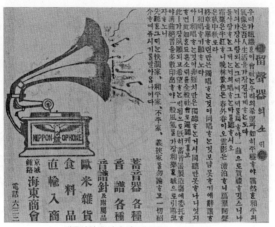

해동상회 유성기 광고(『매일신보』 1911.10.31.)

기의 소리"라는 헤드라인 아래 유성기의 특성을 자세히 소개
하였다. "우리가 조직한 이 회사난 우리의 희망과 여(如)히(같
이) 평온하야 로연(露然, 자연스러움)한 평화의 기상은 오인(吾
人, 우리) 생활을 가장 질겁게(즐겁게) 하난도다. (중략) 선청(先
廳, 먼저 듣기)한 그대난 쾌활가(快闊家), 화평가(和平家), 불평
가(不平家), 의협가(義俠家)랄(를) 물론하고 일체 소개하여 쥬
시기랄(주시기를) 발아압나이다(바라옵니다)."

이미 유성기 소리를 들어본 앞선 사용자들에게 그 즐거움
을 혼자만 누리지 말고 주변 사람들에게도 소개해보라는 내
용이다. 닙보노홍(NIPPONOPHONE) 브랜드의 유성기 스피커

39

쪽에 음표를 그려 넣어 생생한 음질이 살아 있다는 느낌을 재미있는 삽화로 표현했다. 보디카피에서 청곡(淸曲, 맑고 부드러운 노래)과 절음(絶音, 발음을 순간적으로 끊었다 다시 이어 노래하기)의 음질을 살려낸다고 함으로써 제품의 특성을 강조했다.

유성기는 1899년 우리나라에 처음 들어왔다고 알려져 있다. 소리가 머무는 기계(留聲機)는 재미있게도 "말하는 기계"(『만세보』, 1907.4.19.)로 소개되기도 했다. 유성기에서 흘러나오는 노래는 기계에 잠시 머무르다 복제되어 나오는 최초의 소리였던 셈이다. 유성기는 빠른 속도로 각 가정에 보급되면서, 사생활 양식의 형성이라는 역사적 변화를 지지하고 강화하는 데 기여했다.[9] 지금 우리는 MP3나 스마트폰으로 노래를 듣는다. 음원 재생기의 이름이 어떻게 달라졌든, 변하지 않은 사실은 기계가 소리를 머물게 하거나 소리를 압축(축음기)한다는 점이다. 그러나 대중의 취향은 노래 듣기에서 가수 되기로 달라졌다. 유성기가 보급되지 않았더라면 감히 꿈도 꿀 수 없는 모습이다.

골고루 기쁨 주는 경품

경품쟁이, 경품전문가, 경품나라, 경품응모, 경품응모 사이트, 경품 이벤트, 무료경품 이벤트, 경품 판매, 경품으로 살림

장만. 포털 사이트에 '경품'이라는 검색어를 치면 경품에 관련된 이런저런 정보가 쏟아져 마치 경품의 나라에서 살고 있다는 착각마저 든다. 경품 제공은 마케팅 전술의 하나지만 그 부작용도 갈수록 커지고 있다. 경품광고의 초기 형태를 보자.

동화약방 광고(「매일신보」, 1912.7.9.)에서는 "관허 24종 기념 경품권"이라는 헤드라인 아래, "조선 경성 동화약방 본포 민강(閔橿)"이라며 주제를 강조했다. 좌측 하단에 광고주를 표기하던 당시의 관행과는 다른 스타일이다. 보디카피는 다음과 같다. "경계자(敬啓者, 삼가 아룀) 관허 약종(藥種, 약재)을 기념하기 위하야 경품권을 승인 발행 하오니 (중략) 시기와 기한

동화약방 광고(「매일신보」, 1912.7.9.)

41

을 물실(勿失, 놓치지 않음)하시고 신속히 본포(本鋪, 본점)와 각 점(各店)으로 저금(貯金) 부구(付邱, 송부)하와 청구하시든지."
이 무렵의 편지글 첫머리에 상투적으로 쓰던 '경계자'로 보디 카피를 시작한 점도 요즘 광고에서는 보기 드문 대목이다.

동화약방은 부채표로 유명한 동화약품의 전신이다. 광고에서는 그림 대신에 카피 자체를 시각화했다. 경품 종목 칸 안에 구겨 넣듯이 한자를 납작하게 눌러쓴 등수별 당첨자 숫자와 경품 총액을 보자. 경품 종목은 1등 20명 총액 2백 엔(円)부터 5등 19,788명 총액 494엔 50전까지였으며, 6월 14일부터 8월 24일까지 70일 동안 발매했다. 이 광고는 경품 이벤트의 초기 형태를 증언한다. 1등을 20명이나 선정해 골고루 기쁨을 나누게 했으며, 고가 경품을 제공하지도 않았다.

소비자의 관심을 촉구한다는 점에서 경품 제공은 기업의 유용한 마케팅 수단이다. 그런데 최근 들어 고가의 경품을 내거는 사례가 늘고 있는데, 지나치게 비싼 경품 제공은 문제가 많다. 2012년, 일본 소비자청은 인터넷 소비자 거래와 관련되는 광고 표시에 관한 경품 표시법 개정안에서 고가 경품의 한도액을 제한했다. 초고가 경품은 타간 사람만 좋고 나머지 사람에게는 섭섭함을 남길 수 있다. 두루두루 골고루 기쁨을 나눠 갖는 그런 경품 전략이 필요하다.

미디어렙과 광고 수수료

2012년, 방송광고 판매대행 등에 관한 법안(미디어렙 법)이 국회 본회의에서 통과됐다. 우리나라의 방송광고 시장이 경쟁체제로 전환된 것이다. 이 법의 제16조(방송광고 수수료)에서는 방송사업자로 하여금 방송광고 판매액의 100분의 20 이내에서 대행사에 방송광고의 수탁 수수료를 지급하도록 명시했다. 광고 수수료에는 방송사가 미디어렙(방송광고 판매대행사)에 지급하는 수탁 수수료와 미디어렙이 광고회사에 지급하는 대행 수수료가 있다. 방송통신위원회는 이 법안을 근거로 13~

광고 사무원 고지 광고(「매일신보」, 1912.10.17.)

16퍼센트 선에서 수탁 수수료를 변동해 지급하는 시행령을 마련했다. 광고 수수료 문제는 100년 전에도 뜨거운 쟁점이었다.

광고 사무원 고지 광고(「매일신보」, 1912.10.17.)를 보자.

오른쪽에 "사무원 황인성"이라는 헤드라인을 쓰고, "금회(今回, 이번에) 우인(右人)으로 하야곰(하여금) 광고

43

취급 사무에 종사케하오니 첨언(僉彦, 모든 선비)은 조량(照亮, 살펴 헤아림)하시와 일층 애고(愛顧, 사랑하여 돌봄)하심을 위망(爲望, 바람)"한다는 보디카피를 덧붙였다. 이 광고에 이어 "자래(自來) 한성광고사(漢城廣告舍) 이범찬(李範贊) 씨의게(에게) 광고 취급을 위탁하얏거니와 자금(自今) 이후로 동인(同人)은 관계가 무(無)하게 되얏고 갱(更, 다시)히 사무원 황인성 씨로 광고 취급에 종사케 하얏사오니 첨언은 조량하시압"(『매일신보』, 1912.10.29.)이라는 광고가 다시 나갔다.

한성광고사는 1910년 7월경부터 영업을 시작한 한국 최초의 광고회사다.[10] 이상의 내용을 종합하면, 매일신보사에서 한성광고사 이범찬에게 광고 취급을 위탁했지만 나중에 계약을 해지하고 매일신보 내 광고 사무원 황인성을 임명했다는 것. 황인성은 우리나라 최초의 신문 광고인이라고 할 수 있겠다.

매일신보에서 한성광고사에 위탁했던 광고 업무를 철회했던 배경은 광고 수수료 때문이 아니었을까? 상세한 기록이 없어 확인할 수는 없지만 그럴 개연성이 높다. 수탁 수수료든 대행 수수료든, 이래저래 광고 수수료 문제는 광고업계의 오랜 쟁점이었다. 광고주, 방송사업자, 광고회사, 미디어렙사, 광고 취약매체가 맞물려 돌아가는 미디어렙 법안이 발효되어 어느 한쪽은 이익을 보고 다른 쪽은 손해를 볼 수밖에 없다. 총광고비 10조 원 시대에 걸맞은 균형과 상생의 지혜가 필요하다.

미술관의 전문 브랜드화

미술관이 늘어나면서 관람객도 증가하고 있지만, 여러 미술관에서 비슷비슷한 전시회를 한다면 곤혹스러울 것이다. 손님들이 아픈 다리를 주무르며 다른 곳에서 봤던 것을 여기서도 본다면서 볼멘소리를 한다면 어떨까. 그 미술관 큐레이터는 난감해할 수밖에 없다. 전시의 핵심은 차별화된 기획력이다. 전문 미술관의 사례를 살펴보자.

조선금은미술관 광고(「매일신보」, 1913.1.1.)에서는 미술관 이름을 헤드라인으로 썼다. 소나무 가지에 네 장의 사진을 매달아 미술관의 규모와 특성을 보여준 것. 즉, 제품 진열소 사진, 직공 근무실황 사진, 제품 진열대 사진, 제품 공장소(工匠所, 공방) 사진을 적극적으로 활용하여 시각적으로 메시지를 전달했다. 그 무렵 카피 위주의 광고가 보편적이었던 데 비해 '보는 것이 믿는 것'이라는 시각 원리를 앞서 시도했던 셈이다. "외방(外方, 서울 이외의 지방) 주문에 대하야난(대해서는) 특별 할인하야 인환(引換) 대금(代金)함" 정도로 카피 분량은 적다.

신년호에 전면으로 낸 이 광고에서는 금은 전문 미술관을 강조했다. 조선금은미술관은 서울 중구 장교동 북천변에 제품 공장이, 서울 종로 이문동에 제품 판매소가 있었으며, 이상필이 대표를 맡아 회사조합의 형태로 운영했다. 요즘 미술관

조선금은미술관 광고(『매일신보』, 1913.1.1.)

의 개념과는 달리 금은 세공품 조합의 형태였지만 아무렴 어떠랴. 미술관 개념이 낯선 시절에 금은 미술관이라고 함으로써, 다른 미술관이나 상점과 구별되는 차별화 전략을 구사했다. 즉, 미술관의 전문 브랜드화를 시도했던 셈이다.

지금 우리 곁에는 미술관이 많지만 브랜드 자산을 확보한 미술관은 많지 않은 듯하다. 수채화는 좋아해도 유화는 싫어하는 사람들은 수채화만 전시하는 미술관을 찾을 터인데 말이다. 사진 전문 미술관, 근현대 시각문화 전문 미술관, 건축 전문 미술관 같은 전문 미술관을 상상해볼 수 있겠다. 2012년에 「진경시대(眞景時代) 회화대전」을 성황리에 마친 간송미술관은 전문화된 브랜드 파워가 탄탄하다. 한국 근대광고의 흐름을 톺아본 「고백: 광고와 미술, 대중」전을 열었던 일민미술관 역시 동시대의 시각문화를 탐구하는 전문 미술관 사례의 하나다. 어떤 미술관 하면, 특정 장르의 작품들이 떠오르는 미술관의 전문 브랜드화 전략이 정말 중요해졌다.

미술관 숫자가 늘어날수록 말이다.

사물에도 운명이 있다

우리는 지금 인터넷이나 스마트폰을 이용해 금융 거래를
한다. 은행 통장을 개설할 때도 도장(인장)을 찍지 않고 사인
을 해도 된다. 도장은 개인이나 단체의 이름을 문서에 찍어 그
책임과 권위를 증명하는 도구이다. 도장은 오랫동안 계약서
에 꼭 필요한 인증 효과를 발휘해왔는데, 이제 그 위력도 서서
히 떨어지고 있다. 서양 문화에는 없는 도장이 귀하신 몸 대우
를 받던 시절도 있었다.

벽화당 광고(「매일신보」, 1913.4.24.)는 지면의 중심에 도장포
사진을 배치한 다음, 사진의 오른쪽에서 아래쪽을 거쳐 왼쪽
으로 카피를 둘러싸는 특이한 레이아웃을 썼다. 보디카피는
다음과 같다. "여보게 도장을 어디서 싸게 잘 색이나(새기나).
경성 종로 벽화당(碧和堂)이지. 갑두(값도) 싼가. 아무렴 염가
호품(好品)은 벽화당이지. (중략) 조각사가 누구신가. 경성에
잇지방(いちばん, 으뜸) 되난 김학연 씨라네. (중략) 외방(外方, 지
방) 주문은 더욱 신속 수응(酬應)한다데. 그러면 달음박질 우
편국으로 주문서 붓치러 가겟네. 미나상 사요나라(みなさん さ
よなら, 여러분 안녕히) 갓치 가셰(같이 가세) 나도 가겟네, 나도

벽화당 광고(『매일신보』 1913.4.24.)

가네, 나도 가네."

도장은 일제강점기를 거쳐 건국 이후 관공서의 필요에 따라 자신을 입증하는 필수 도구가 되었다. 그 대표적인 사례가 인감도장이다. 이 광고에서는 싼 값에 좋은 도장을 새길 수 있으며, 지방 주문에도 신속히 응한다는 내용을 강조했다. 또 요즘 광고에서도 카피에 영어를 섞어 쓰듯, 이 광고에서도 일본어를 섞어 쓰고 있다. 또 다들 같이 가보자며 군중심리를 부추기는 설득 전략이 인상적이다.

도장은 오랜 세월 주민등록증보다 귀하신 몸이었는데, 이제 처지가 달라졌다. 2001년 인장공예 1호 명장이 된 최병훈 선생의 작품처럼, 도장은 앞으로 장인의 예술품 정도로 명맥을 이어갈 것인가. 얼굴이 사진처럼 찍히는 포토 도장처럼, 도장은 앞으로 재미있는 에피소드 도구로 남을 것인가. 아니면 "중국인장·휘날리는 베이징(中國印·舞动的北京)"이라는 2008년 베이징올림픽의 휘장처럼, 어떤 상징으로 활용될 것인가. 공인인증서로 금융거래를 하는 시대에 도장의 내일을 생각해본다. 사물도 사람처럼 타고난 운명이 있을 테니까.

표준화와 현지화

"지구적 차원에서 생각하고 현지에 맞게 행동하라(Think globally, act locally)!"

1991년 브라질 리우데자네이루 세계정상회의에서 쓰인 이후 지금까지 금과옥조로 인용되는 슬로건이다. 하지만 국가 간 자유무역협정(FTA)이 긴밀하게 논의되고 있는 지금까지도, 국제적인 표준화 전략이 맞는지 지역에 따른 현지화 전략이 효과적인지 비교문화연구 학자들은 아직도 결론을 내리지 못하고 있다.[11] 그래서 나온 것이 '글로컬'이라는 애매한 표현이다.

조선연초주식회사 광고(「매일신보」, 1914.11.8.)에서는 지면의 상단에 백화표(白花票, White Cosmos), 미인표(美人票, Chun Hyan), 화표(花票, Paradise)라는 세 가지 담배를 소개하고 있다. 담배 갑에 인쇄된 설명을 보니 오른쪽에 있는 백화표는 10개비 들이에 값은 2전이고, 가운데에 있는 미인표는 역시 10개비 들이에 값은 2전 5리이고, 맨 왼쪽에 있는 화표는 14개비가 들이에 값은 2전으로 되어 있다.

조선연초주식회사광고(『매일신보』, 1914.11.8.)

이 광고는 두 가지 맥락에서 주목해야 한다. 담배 피우는 여성을 광고의 전면에 등장시켰다는 점이 그 첫 번째다. 여염집 여성이 대낮에 바깥출입을 삼가던 때에 광고에서 젊은 여성이 담배를 들고 나타났으니 당시 이 광고를 본 사람들은 엄청난 충격을 받았을 터. 한 세기 전에 여성의 존재감을 강조하는 방안으로 여성의 흡연 장면을 과감히 사용했으리라. 여성 흡연자에 대한 사회적 거부감도 많았던 때이다. 이런 시절에 여성이 당당하게 담배를 피우며 나타났으니, 여성이 사회 전면에 당당하게 등장하는 여성의 위대한 탄생 장면이라 할만하다.

두 번째는 그때 벌써 광고에서 현지화 전략을 구사했다는 점이다. 미인표의 영문 브랜드명은 춘한(Chun Hyan)으로 되어 있는데 '춘향전'에서 따왔으리라. 담배 피우고 있는 광고 모델 일러스트레이션은 한복 입은 조선 여인이다. 조선연초주식회사는 일본 회사였는데도 광고 모델에게 일본의 전통 의상인 기모노를 입히지 않고 한복을 입혔던 것. 국제적으로 생각하고 현지에 맞게 행한다는 현지화 전략을 이미 100여 년 전에 실행했던 셈이다. 금과옥조 슬로건을 백 번 인용하는 것보다 한 번의 구체적인 실행이 중요함을 새삼 일깨워준다.

커플룩과 미니미 톡

아이와 똑같은 패션으로 나들이하는 엄마들이 부쩍 늘었다. 모자, 티셔츠, 헤어핀, 헤어밴드, 봉봉 슈슈(머리 액세서리의 일종), 캐주얼 백, 숄더백, 플랫 슈즈, 레인 부츠, 운동화, 우산 등은 엄마와 아이가 함께 쓰는 커플 아이템이다. 엄마와 아이가 똑같은 패션을 하면 연인의 커플룩처럼 다정해 보이기 때문일까? 정서적 유대감이나 친밀감을 과시하려는 심리도 작용했으리라. 엄마와 딸의 나들이 풍경으로 시간여행을 떠나보자.

제생당약방의 청심보명단 광고(「동아일보」, 1920.4.14.)를 보면 일제강점기라고 믿기지 않을 정도로 정겨운 나들이 장면이 등장한다. 엄마와 딸의 대화 형식으로 전개되는 보디카피를 보자.

　모: 복희야 그 꽃은 왜 따느냐.
　여: 어머니 이 꽃에 향취가 대단해요.

제생당약방의 청심보명단 광고(「동아일보」 1920.4.14.)

모: 그러면 그보다 더 향기로운 것을 사주랴.

여: 그것이 무엇이야요, 그런 것을 사주서요.

모: 청심보명단이란다. 가서 사줏게 이러나거라.

여: 그 청심보명단은 어대서 제조하난 것이야요.

모: 남대문 안 태평통 제생당에서 제조하고 각처 양약국에서 다
판매하느니라.

청심보명단(淸心保命丹)에는 마음을 맑게 하고 생명을 보
전하는 약이라는 뜻이 담겨 있다. 광고에서는 약의 특성을 직
접 자랑하지 않고 아이의 질문을 통해 간접적으로 전달한다.
어디서 제조하느냐며 아이가 묻는 대목은 부자연스러워 웃음

밖에 나오지 않지만, 효능을 직접 설명하던 그 시절 다른 광고들에 비하면 '말 맛'이 돋보인다. 마무리 부분에서는 '상화(賞花, 꽃놀이) 산보에' '원족(遠足, 소풍) 운동에' '정신피로에' 좋다며 운을 맞춰 강조했다.

나들이 장면을 섬세하게 묘사한 그림 솜씨도 이 광고를 돋보이게 한다. 엄마와 딸의 치마와 신발이 똑같은데, 이른바 '미니미 룩'의 초기 형태. 지금 아동복 시장에서는 엄마와 딸 그리고 아빠와 아들 사이에 어른의 옷을 아이용으로 축소해 똑같은 패션으로 입는 미니미 룩이 인기다. 그렇지만 겉으로 보이는 옷보다 더 중요한 것이 대화다. 잘못하면 말없이 걷기만 하는 맨송맨송한 모습이 되기 쉽다. 패션 자체에만 신경 쓰기보다 이 광고에서처럼 부모와 자식 간에 더 많은 수다를 떨어야 한다. 시시콜콜한 모든 것까지. 그걸 '미니미 톡(talk)'이라 부르면 어떨까?

패션의 비정치성

2012년 방송된 MBC-TV의 「아이두 아이두」에서는 "패션의 완성은 구두"라는 말을 새삼 강조했다. 한 구두회사의 잘나가는 30대 이사와 짝퉁 구두업자의 알콩달콩 로맨스가 드라마의 주요 얼개다. 로맨틱 코미디의 여왕이라는 배우 김선

아의 연기력도 볼만했지만 그녀의 구두 패션 역시 이목을 끌었다. 그런 패션 감각은 1920년대의 식민지 조선의 경성(서울) 거리에도 있었다.

광신양화점 광고(「동아일보」, 1920.6.4.)에서는 구두 신은 발목 부분만 강조함으로써 시각적 주목 효과를 높였다. 한 청년이 구두를 신고 멋지게 걸어가는 순간을 부럽게 지켜보는 광경을 묘사한 그림 컷은 수준급 카피와 만나 시너지를 일으킨다. "아! 부럽도다/ 시원한 청풍 부난(부는) 곳에/ 산뜻한 양화(洋靴, 구두) 신고/ 활발히 거러가난(걸어가는)/ 저- 청년의 보조(步調)!/ 저- 양화 지은 곳은?" 마무리 카피를 의문문으로 끝낸 카피라이터의 놀라운 솜씨를 보라! 1단 12센티미터라는 작은 크기의 지면에, 그리고 6줄이라는 짧은 카피에서, 짧고 강력하게 할 말을 다 하고 있다. 더욱이 시적인 리듬감까지.

인류사에서 군대가 양복을 제도화시켰듯이, 신발의 서양화 역시 군대에 의해 시작되었다. 유모토고이치(湯本豪一)는 『일본 근대의 풍경』에서 군비의 근대화를 도모한 바쿠후(幕府, 막부)가 서양식 군대를 만들 목적으로 외국인의 지도하에 군사 훈련을 시작하면서 병사들의 복장을 양복으로 바꿨다고 설명했다. 이후 메이지 시대에 들어서며 복장에도 서양화 바람이 불어 양복이나 양화가 급속히 보급되었던 것이다.

서양화 바람은 식민지 조선에 더 거세게 몰아쳤다. 1920년

광신양화점 광고(『동아일보』, 1920.6.4.)

대의 의류 광고에서 양화, 모자, 안경 같은 서양 패션이 차지하는 비중이 전체의 39.9퍼센트를 차지할 정도로 많았다는 사실이 그 근거다. 당시의 모던 보이들은 모던 걸들에게 더 잘 보이려고 패션 액세서리를 걸치고 거리를 '활발히' 쏘다녔을 터. 정치적으로는 국권을 잃은 식민지 시대였어도 자신의 패션 감각에만 신경 쓴 사람도 많았으리라. 세상에는 이런 사람도 저런 사람도 있는 법이니까. 패션 디자이너 오스카 드 라렌타(Oscar De La Renta)는 사람들의 그런 심리를 꿰뚫어 보고 '패션은 비정치적'이라고 말했을까? 구두회사 드라마보다 더 드라마적인 명작 광고에서 패션의 비정치성을 생각해본다.

술집 도우미 봉사료

언론 보도를 보면 고급 술집의 문제점을 지적하는 내용들이 해마다 심심찮게 등장하고 있다. 상위 10퍼센트의 고급 술집이라는 '텐프로'나 그중에서도 최고급인 '일프로'도 있다는 것. 비싼 술값도 자주 지적되었지만 도우미의 봉사료가 포함된 엄청난 접대비 자체가 문제시되는 경우가 많다. 보통 술집에 가도 주당들은 도우미에게 일정한 봉사료를 준다. 예전에는 어땠을까? 기생의 봉사료를 천명한 광고가 있어 흥미롭다.

경성오권번연합 광고(「매일신보」, 1920.6.10.)에서는 헤드라인을 아예 '광고'라고 쓰고 광고주 이름 뒤에 '고백'이라고 다시 강조했다. 이어서 "금반(今般, 이번)의 경성 시내 오(五)권번(券番, 기생조합)에서는 당국의 허가를 승(承)하와 기생 시간대

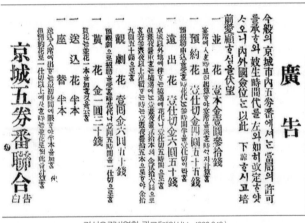

경성오권번연합 광고(「매일신보」, 1920.6.10.)

(時間代)를 좌(左)와 여(如)히(같이) 개정하얏사오니 내외국 첨위(僉位, 여러분)난 이차(以此) 하량(下諒, 헤아려 앎)하시고 배전 애고하심을 복망(伏望, 엎드려 바람)"이라는 보디카피를 덧붙였다. 당시 신문들도 경성 기생조합의 봉사료 발표 내용을 보도했다.

손님과 함께 보낸 시간이 봉사료 계산의 가장 중요한 기준이었다. 광고에 제시된 경우의 수는 다음과 같다. 술자리에 들어간 시점부터 나올 때까지 계산하는 병화(並花), 미리 신청할 경우에 한해 3시간 30분을 1시끼리(仕切り, 결산)로 하는 예약화(預約花), 경성을 벗어나 출장 갈 경우 5시간을 1시끼리로 하는 원출화(遠出花), 함께 공연 구경을 하자며 초청할 경우 1회 5시간을 1시끼리로 하는 관극화(觀劇花), 병화(並花) 한 명을 더해서 계산하는 세화(貰花) 식으로 여러 가지 경우를 고려했다.

일제강점기의 권번기생은 권번에 적을 두고 세금을 냈으며 다른 기녀들과는 확연히 구분되었다. 그들은 각종 행사에 도우미로 나섰고 흥미 위주로 가볍게 추는 레뷰 댄스(revue dance)의 대중화에도 기여했다. 그동안 우리는 기생들의 어두운 측면만 부각해왔는데 꼭 그렇지만도 않다. 그들은 수재민 구호 작업이나 조선물산장려운동 같은 사회운동에도 적극 참여했다. 봉사료를 공개적으로 천명한 기생조합 광고에서는 당당한 직업의식 혹은 떳떳함마저 느껴진다. 요즘에는 과연 어떨까. 그리고 봉사료 기준은 뭘까?

근대 광고 성숙기(1920~1945)의 광고

몸짱에서 맘짱으로

"사람은 무엇으로 사는가?"라는 질문에 사람들은 "몸으로 살아요"라고 대답할지 모른다. 그저 몸만 챙기는 '몸짱'의 시대에 독서 인구는 갈수록 줄어들 수밖에. 연 평균 1인당 독서량은 우리나라 1.5권, 일본 17권, 미국 45권이라고 한다. 한국교육개발원의 『교육통계연보』(2012)를 봐도 대학생 1인당 2011년의 도서관 대출건수가 연 1회에 못 미치는 0.8회에 머무르고 있다. 책이 부족했던 시절에 오히려 책을 더 읽었다면 어떠할까.

수양전집 강담전집 광고(『폐허』, 1921.1월호)

수양전집 강담전집 광고(『폐허』, 1921.1월호)에서는 "보라!!
놀낸다― 산다!"라는 헤드라인에 다음과 같은 보디카피를 덧
붙였다. "삼자합일(三者合一) 되는 것/ 이것이/ 수양전집(修養
全集)/ 강담전집(講談全集)/ 이라고 한다/ 지금 출래(出來)! 벌
서(벌써) 서점에 진열됐다/ 빨니(빨리) 보라/ 그러하고 우리들
의 성의를 알어다우(알아다오)" 마지막에서 어떤 성의를 알아
달라고 읍소하는지 알 수 없지만 좋은 책에 대한 진정성이 엿
보인다.

1920년대는 일본과 우리나라에서 대대적으로 전집류 붐이
일어났다.[12] 대일본웅변회강담사(大日本雄辯會講談社)에서

발행한 『수양전집』과 『강담전집』도 이 붐을 타고 등장했다. 권당 1엔이라는 저렴한 가격도 전집류 붐에 영향을 미쳤지만, 사람들의 독서열이 가장 중요한 원동력이었다.

해마다 세계 책의 날인 4월 23일이 되면 독서를 권장하는 책 사진 공모전, 책 보내기 운동, 책 전시회, 독서 낭송회, 출판 세미나 등의 갖가지 캠페인이 벌어진다. 하지만 독서 인구는 좀처럼 늘지 않고 있다.

데카르트는 『방법서설』에서 "나는 생각한다, 고로 나는 존재한다"고 했다. 인간의 정신이 몸보다 우월하다는 뜻. 포스트모더니스트들은 데카르트의 말을 패러디 해 "나는 몸으로 말한다, 고로 나는 존재한다"면서 정신과 육체의 이분법을 350년 만에 거부했다. 미셸 푸코나 메를로 퐁티가 제시한 '신체론'이 그것. 그러나 그들은 지독한 독서광이었다. 나폴레옹 역시 세인트헬레나에 유폐되었을 때 8,000여 권의 책을 읽었다. 몸짱만으로 살 수 없다. 그렇게 몸을 만들어 어디에 쓰려는지 모르겠지만 말이다. 책은 마음(맘)의 양식이라는데, '몸짱'에서 '맘짱'으로 다시 돌아갈 때다. 몸짱 만드는 시간의 20퍼센트만이라도 맘짱 만드는 데 써보자.

안내광고 엿보기

신문의 안내광고는 만인이 광고주로 참여할 수 있는 소통의 아고라이다. 인터넷 검색이 보편화되기 전까지 사람들은 안내광고에서 구인이나 구직 같은 일상의 대소사를 해결해왔다. 이토록 소중한 안내광고는 1921년 2월 24일 '동아소개란 신설'이라는 「동아일보」 사고에서 예고한 바 있다. "저렴한 요금 간단한 절차로 가장 유효한 신문의 이용법"이라는 내용으로 그 종류와 행수(行數) 규정 및 요금을 상세히 설명했다.

안내광고는 '동아소개란(東亞紹介欄)' 광고(「동아일보」, 1921.3.1.)에서 시작되었다. '동아소개란'은 제하에 1단 크기로 단수가 정해져 있어 내용에 따라 계속 가로 길이만 이어가면 되는 편리한 형태였다. 지금도 세로 1단 가로 1센티미터가 신문광고의 기본 단위인데, 1920년 이후 이 형태가 굳어졌다. 특별 광고에는 셋집을 구한다는 구세가(求貰家)가 있고, 보통

안내광고인 '동아소개란' 광고(「동아일보」, 1921.3.1.)

광고에는 셋집을 내놓는다는 차가(借家), 우리나라의 유적지를 알리는 조선고적도보(朝鮮古蹟圖譜), 집을 산다는 매가(買家), 급사를 구한다는 구급사(求給仕)가 있다.

이후 10여 년 사이에 유모, 식모, 찬모, 구직, 양도, 구혼, 부업, 서적, 사진, 발명, 하인 따위로 안내광고는 종류도 갖가지로 늘어났다. 그만큼 직업도 다양하게 생겨났고 이런저런 욕구도 다양하게 표출된 것이다. 찬모, 유모, 식모, 하인 같은 말은 이제 역사 속으로 사라졌다. 1970년대까지도 식모를 구한다는 카피가 안내광고란에 종종 등장했으나 1980년대에 들어서 자취를 감췄다.

사이버 장의사, 악취 관리사, 유품 정리사, 이미지 컨설턴트, 의료관광 코디네이터, 하우스 매니저, 매장 배경음악 전문가, 도시농업 지도사 같은 유망 직업이 앞으로 안내광고란을 채우리라. 황지우 시인은 "김종수 80년 5월 이후 가출/ 소식두절 11월 3일 입대 영장 나왔음/ 귀가요 아는 분 연락 바람 누나/ 829-1551"(「심인(尋人)」, 1983)같은 심인광고를 시어(詩語)로 차용해 1980년대의 암울한 시대상을 증언했다. 시란 억지로 쓰는 게 아니라 일상에서 찾는다는 사실을 보여준 것. 안내광고에는 인간 군상의 애환과 시대상이 담겨 있으니, 그 흐름을 보면 한국사회의 어제와 오늘 그리고 내일을 엿볼 수 있을 것이다.

기차와 피서

매년 초여름에 들어설 때면 휴가철 상품도 불티나게 팔리기 시작한다. 그렇다면 암울하던 일제강점기 때도 여름휴가를 갔을까? 놀라지 마시라, 물론이다. 철도가 발달할수록 피서지도 늘었다.[13] 1905년 무렵 기차가 폭발적으로 늘자 기차 타고 놀러 가기가 유행했다. 사람들은 기차를 타고 원산의 명사십리 해수욕장이나 부산의 해운대로 피서를 떠났다. 열심히 일하지 않은 사람도 "열심히 일한 당신"처럼.

일본 제약회사인 쓰무라준텐도(津村順天堂)의 중장탕 광고

쓰무라준텐도(津村順天堂)의 중장탕 광고
(「매일신보」, 1921.7.15.)

(「매일신보」, 1921.7.15.)를 보자. 수영복 차림을 한 늘씬한 미녀가 도도하게 서 있다. "이(罹)하기(걸리기) 이(易)한(쉬운) 하(夏, 여름)의 부인병"이라는 헤드라인 아래 이런저런 보디카피가 있지만 어디까지나 장식적 요소로 쓰였을 뿐이다. 계절성을 고려한 디자인 감각은 요즘 수준

에도 뒤처지지 않는다. 볼거리가 적었던 그 시절엔 선으로 그려낸 모델의 자태만으로도 사람들의 시선을 끌어모았으리라.

모델이 휘감고 있는 수영 튜브에 중장탕(中將湯)이 아닌 추죠토(CHUJOTO)라고 영어로 쓴 까닭은 브랜드 이름을 이국적으로 알리려는 속셈이었을 것이다. 당시에 영어는 언어이기 전에 이띤 신비적 상징이었기 때문이다. 모델의 눈짓도 이국적이다. 정면을 보지 않고 먼 산을 보듯 응시하는 모델의 시선은 당시 사람들에게 그저 신비로워 보였을 것이다. 영화 주인공과 관객이 세 가지 시선(자아도취, 관음, 물신 숭배)을 교환한다는 영국의 대중문화 연구가인 그래엄 터너(Graeme Turner)의 주장에 기대면, 사람들은 자아도취적 시선을 던지는 광고 모델과 자신을 동일시하며 피서를 떠났으리라.

시간은 풍경과 기억을 남긴다. 피서지 행렬은 기차가 달리면서부터 생겨난 풍경이다. 1913년, 우리나라 최초로 부산 송도 해수욕장이 개장한 후 인천의 월미도 해수욕장이나 황해도의 몽금포 해수욕장이 문을 열었다. 원산의 송도원 해수욕장은 기차역이 가까워 인기가 많았다고 한다. 기차도 타보고 해수욕도 즐기니 도랑 치고 가재 잡는 격. 만문만화(漫文漫畵)로 유명한 작가 안석영은 "입으나마나한 속속뒤리(속속들이)다— 비최이는(비치는) 해수욕복(수영복)"을 입고 "구정물 속에서 맨살 부비는 것"이라며 해수욕을 조롱했었다. 여기에서 만

65

문만화란 문자 그대로 흐트러진 글과 난삽한 그림이라는 뜻
이다. 구정물이면 어떤가, 떠날 수만 있다면. 어느 카드회사의
광고 카피처럼 "떠나라! 열심히 일한 당신."

취업 미끼 사기

취업을 미끼로 다단계 사기를 벌이는 사례가 급증하고 있
다. 부동산 투자회사의 사무원을 구한다는 유명 취업 사이트
에 들어가 보면 부동산에 일정액을 투자해야 한다는 조건을
붙이는 경우가 많다. 이밖에 대학생 대상의 아르바이트 사기
나 일반인 대상의 취업 사기도 많다. 사회연결망서비스(SNS)
가 취업 사기를 확산하는 사회 관계망의 숙주로 악용되기도
한다. 하기야 취업 미끼 사기는 예나 지금이나 늘 있었으니 그
리 새삼스런 일도 아니다.

신명서림 광고(「동아일보」, 1921.9.15.)에서는 "구직업(求職業)
제위(諸位)의 대복음"이라는 헤드라인 아래 판매원 대모집이
라는 내용을 강조하고 있다. 다음에 제시한 보디카피를 보자.
"금(金) 10원 이내의 약소한 자본금으로 매월 100여원 이상의
실 이익을 가득(可得, 얻음)하는 안전제일의 호(好) 직업이 유
(有)하오니 강호제씨는 지급(至急)히(몹시 급히) 본 서림(書林,
책방)으로 조회(照會, 알아봄)하시오. 상세 규칙서와 설명서 급

신명서림의 구인 광고(『동아일보』 1921.9.15.)

(及, 및) 실품(實品)을 친절히 부정(付呈, 드림)하나이다"

　마무리 카피에서 상세한 내용을 알아보려면 반드시 30전을 보내고 청구하라고 강조하고 있으니 구직을 미끼로 유혹하는 사기 광고가 틀림없다. 10원을 투자해서 월 100원 이상을 버는 일이 어떻게 가능하겠는가. 상담하는 데만 30전을 보내라고 하고 있으니 그때나 지금이나 사기꾼의 속임수는 대단하다. 청년 실업률 8퍼센트가 넘는 요즘에도 이런저런 솔깃한 꼬드김이 지천으로 널려 있으니, 청년 구직자들이 유혹에 빠져 엄청난 피해를 볼 수 있다.

　공정거래위원회는 이런 상황에 주목하여 소비자 피해주의보를 발령했다. 한 아르바이트 전문 포털도 청년 구직자들이 꼭 체크해야 할 '건강알바 10계명'을 발표한 바 있다. 중요한 체크 목록을 대략 살펴보면 법정 최저임금이 보장되는지 확인해야 하고, 고수익을 약속하는 허위과장 광고에 속지 말아야 하며, 가입비 같은 금전을 요구하는 곳은 피하라는 것. 취업이 안 돼 전전긍긍하는 판에 사기까지 당한다면? 정부는 각자가 알아서 조심하라는 피해주의보의 발령으로 소임을 다했다며 자위하지 말고, 취업 사기를 박멸할 보다 근본적인 대책을 내놓아야 한다.

짝퉁상품 짝퉁인생

가방, 지갑, 선글라스, 시계, 액세서리……. 2012년 6월 21일, 서울본부세관이 500억 대 짝퉁 밀수조직을 적발해 압수품 2만 4천 점을 언론에 공개한 것들이다. 그들은 짝퉁 제품에 유명 연예인의 이름을 붙여 소개하는 카탈로그까지 만들어 제조와 유통에 활용했다니, 그 대담함에 입을 다물 수밖에. 관세청은 시계, 담배, 인삼, 고추, 녹용을 2005년부터 최근까지의 인기 밀수품목으로 발표하기도 했다.

삼용방(蔘茸房) 광고(「동아일보」, 1921.12.13.)에서는 "위상(僞商, 유사상품) 주의"라는 헤드라인 아래 다음의 보디카피를 이어 적었다. "근래 후중(厚重)한(두껍고 푸짐한) 종히(종이)로 포지(包紙, 포장지)를 밧구고(바꾸고) 미삼(尾蔘, 인삼 잔뿌리)을 혼입(混入, 섞어 넣음)하야 판매하는 위상이 만습니다(많습니다). 얼는(얼른) 생각하시기에는 싼 것 갓사오나(같사오나) 돌이어

삼용방(蔘茸房) 유사상품 주의 광고(「동아일보」 1921.12.13.)

(도리어) 빗싼(비싼) 것이올시다. 폐당(弊堂, 저희 집)은 정중(正重, 내용물 무게) 16냥(兩)에 지중(紙重, 종이 무게)이 불과 78돈쭝(錢重)이오. (중략) 전량을 발매하오니 안심하시고 하명하시옵소서."

이 광고에서는 지면 왼쪽에 인삼을 세워 아래쪽으로 뿌리가 길게 뻗어나가게 하고 오른쪽에 사슴이 노니는 장면을 그려 넣었다. 디자이너의 솜씨가 보통 아니다. 포장만 요란한 유사 상표에 속지 말고 인삼녹용 전문점에서 사라는 것이 광고의 핵심 주장. 그냥 권유하지 않고 지금도 귀금속이나 한약재의 무게를 잴 때 쓰는 '돈쭝'(錢重)으로 내용물과 종이 무게를 명시함으로써 설득력을 높였다. 돈쭝은 개화기 무렵 일본에서 들여온 도량형으로, 1돈쭝은 한 냥의 10분의 1 또는 한 관의 1,000분의 1이며 3.752그램에 해당된다.

짝퉁의 제조 및 판매는 지식 재산권을 침탈하는 행위다. 밀수품은 포장이 뜯기자마자 곧바로 짝퉁 국산품으로 바뀔 터. 1920년대부터 지금까지 우리는 얼마나 많은 짝퉁에 속아왔을까? 통관 단계부터 짝퉁을 차단하려는 세관이 노력도 필요하지만, 짝퉁을 싸늘하게 외면하는 건강한 소비의식이 필요하다. 짝퉁임을 알면서도 찾는 사람들은 책임이 더 크다. 자신이 헛것에 빠져 짝퉁 인생을 살고 있지는 않은지, 냉정히 돌아보기를.

100여 년째 계속되는 발기 타령

2012년 5월 17일, 비아그라의 주성분인 '실데나필'에 대한 물질 특허가 만료되자 제약업계들은 제네릭(복제약) 제조에 뛰어들었다. 비아그라를 제조해온 한 제약회사가 비아그라의 복제는 가능해도 판매는 안 된다는 용도특허를 주장했고, 복제약을 생산하는 제약사들은 용도특허 무효심판을 청구했다. 특허심판원이 발기부전 치료제의 용도특허가 무효라고 결정하자, 해당 제약회사는 항소 의지를 나타내 특허법원까지 가는 법적 다툼이 있었다. 여기서 잠깐, 1920년대에도 발기부전 치료제가 있었다고 하면 믿을 수 있을까.

제세약방본포의 춘약 광고(「동아일보」, 1921.12.24.)에서는 "자

제세약방본포의 춘약 광고(『동아일보』 1921.12.24.)

양흥분 신기강장 전문제"라는 헤드라인으로 그 효과를 강조
하고 있다. 춘약(春藥)이란 성욕을 불러일으키는 강장제로 그
시절 수준에서의 비아그라다. 보디카피는 다음과 같다. "노소
물론하고 제 원인으로 신기(腎氣, 신장 기력) 부족하야 방사(房
事, 섹스) 불능하온대 복용하오면 칠십 노인이라도 불가상의
(不可相議)의 대 쾌락을 득(得)함이다. 갱(更, 다시) 소년 될지어
다. 선복(先服, 먼저 복용한) 제씨(諸氏, 여러분)의 허다(許多) 실
효증명인 묘약."

칠십 노인이라도 다시 소년이 된다는 저 허황된 주장. 여러
사람들에 의해 실효성이 증명되었다는 사회적 증거의 원칙까
지 적용했다. 그리고 '불국(佛國, 프랑스) 의학박사 아니랑 씨'

71

의 발명품이라는 전문가의 보증까지. 이 광고에 이어 여러 자양강장제 광고가 나오더니, 1930년대 말에는 "썩은 고목에 꽃이 피게 하는 강력 성호르몬"이라는 신정약방의 단(Dan) 광고(「동아일보」, 1939.5.5.)에서 허풍이 절정에 이르렀다.

지금 우리 주변에는 허가 받은 복제약은 물론 사이비 흥분제까지 허풍 광고가 널려 있다. 스팸으로 들어오는 이메일 광고들의 헤드라인을 보라. 거의 100여 년째 계속되는 발기 타령이다. 발기부전치료제의 필요성은 전적으로 개인이 알아서 판단할 문제다. 약의 효과도 천차만별이리라. 섹스 자체가 사적인 영역이고 워낙 개인차가 있기 때문이다. 필요한 사람도 있겠고 불필요한 사람도 있을 터. 다만 발기부전치료제의 저 허황된 주장에 대한 광고심의만큼은 좀 더 까다로워져야 한다. 발기부전치료제의 춘추전국시대가 되었다 할지라도 허풍 광고의 군웅할거는 막아야 하지 않겠는가.

고현학으로 세상 읽기

누군가 100년쯤 후에 요즘 광고를 100년 전 광고라 하면서 'OOO의 광고토크'를 신문에 연재한다면 어떻게 이야기를 전개할까? 그에게 미리 귀띔해야겠다. 고현학적 방법을 써보라고. 고고학이 고대 인류의 생활문화를 연구한다면, 고현학

현대 신사의 일일 합동광고(「매일신보」, 1922.5.25.)

(考現學, modernology)은 현대인의 생활양식을 고찰함으로써 현대의 진상을 밝히려고 한다. 1924년, 곤와지로(今和次郞) 박사는 관동대지진 후 폐허로 남은 도쿄의 잔해를 스케치하며 고현학을 창안했다.[14] 광고 역시 고현학 텍스트의 하나다.

현대 신사의 일일 합동광고(「매일신보」, 1922.5.25.)에서는 하루 동안 신사에게 필요한 상품들을 상세히 설명하고 있다. 모름지기 신사라면 아침에 일어나서 무엇보다 먼저 양치질을 해야 하는데, 일본산 라이온 치마분(치약)으로 닦아야 한다.

면도 후에는 레토 후드에서 만든 크림을 바르고 오리지나루 (Original) 향수를 몇 방울 뿌리고 집을 나서야 하며, 약속 장소에 갈 때는 꼭 동경가스전기의 자동차를 타야 한다는 것.

사무실에서 사업 파트너를 만날 때는 피로 회복에 좋은 헬프 약을 먹어야 하고, 구강 위생을 위해서는 카오루를 써야 하며, 사무실에서는 능률을 높여주는 스완 만년필을 써야 한다. 퇴근 후 집에 와서는 카스케도 맥주를 마셔야 하고, 아내는 아지노모도 조미료를 뿌려 음식 맛을 내야 한다. 식사 후 아내는 남편에게 여자를 이해하는 신사가 되라며 『부인구락부』라는 여성지를 권해야 하고, 아이에게는 모리나가 밀크캐러멜을 줘야 하며, 자신은 중장탕을 마시며 가족과 담소를 나눠야 한다는 것.

2003년에 광고로 보는 '이영애의 하루'라는 말이 유행했는데, 이 광고가 원조 격이다. 이 광고에서 '현대 신사의 하루'를 통해 1920년대에 근대적 시간성과 일상성이 자리 잡는 정경을 엿볼 수 있다. 아침과 점심, 저녁의 근대적 시간, 가정이라는 자본주의적 체제와 가부장제, 그리고 상품의 소비와 현대적 생활에 대하여 충실히 묘사한 이 광고는[15] 고현학적 증거를 풍요롭게 제시하고 있다. 소설가 박태원이 고현학적 방법으로 『소설가 구보 씨의 일일』과 『천변풍경』을 썼듯이, 100년 후에도 이 방법은 광고에 나타난 2010년대의 소비문화와 일상의 정경을 촘촘히 밝혀 주리라. 그렇기에 요즘 광고에 제품 자랑만 하지 말고 사람 사는 이야기도 담아야 하지 않겠는가.

K-디자인

디자인 경영이 대세다. 상품, 서비스, 조직에 디자인 개념을 적용시켜 생산성과 경쟁력을 높인다는 것이 주된 내용이다. 삼성전자, LG전자, 현대자동차 같은 대기업은 물론 중소기업에서도 디자인에 브랜드의 사활이 걸려 있다고 보고 오래전부터 많은 투자를 해왔다. 기술에 인문학을 접목시켜 상품의 인간화를 지향하는 하이 디자인(high design) 개념을 제시했던 필립스의 사례는 벌써 고전이 아닐까. 디자인을 의뢰하라는 광고가 있어 흥미롭다.

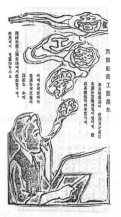

개벽사 상공도안부의 광고(『개벽』, 1922.6월호)

개벽사 상공도안부의 광고(『개벽』, 1922.6월호)를 보면, 디자이너가 고뇌 어린 표정으로 담배 피우는 비주얼이 한눈에 들어온다. 모락모락 피어나는 담배 연기 속을 자세히 들여다보면 몽글몽글 뭉쳐진 담배연기 날개에 '상' '공' '도' '안' '부'라는 글자가 들어 있다. 담배연기는 "선량한 상품과 신용잇는(신용 있는) 상점은 광고 선전의 힘이 안이면(아니면) 판로를 확장하지 못합니다"라는 카피와 "여러분의 뜻과 가튼(같은) 광고의 문안(文案)과 도안(圖案)은 우리 개벽사 상공도안부에서 제공합니다. 소용(所用)되시던(필요하시면) 통지(通知)하시오(알려주세요)"라는 카피를 양분한다.

도안이란 디자인의 옛말로 디자이너를 도안사라 했다. 왼손엔 담배를 오른손엔 펜을 들고 있는 삽화는 아이디어를 짜내느라 고심하는 디자이너의 열정을 보여주기에 충분하다. 담배연기로 보디카피를 둘로 나눠버리는 창작 솜씨도 맛깔스럽다. 일본의 혼다 소이치로(本田宗一郎) 회장은 디자인을 '눈으로 즐기는 교향곡'이라 했고, 우리 선조들도 '같은 값이면 다홍치마'라는 속담을 남겼다. 눈으로 즐기는 재미가 쏠쏠한 이 광고는 우리나라의 디자인 역사를 쓸 때 반드시 살펴봐야 하는 부분이다.

우리 기업의 국제 경쟁력을 높이는 열쇠 하나는 디자인에 있지 않을까. 과거에 가격 대비 성능이 중요했다면 앞으로는 가격 대비 디자인이다. 대중문화에 K-팝 열풍이 있다면 'K-디자인'도 있을 수 있다. 디자인 한류도 얼마든지 가능할 터. 따라서 국가브랜드위원회에 버금갈 정도로 국가디자인위원회를 구성할 필요가 있다. 어쩌면 디자인이 국격을 더 구체화시킬 수 있기 때문이다. K-디자인 열풍이 세계 곳곳에서 다홍치마처럼 펄럭이기를! 상공도안부 광고는 아주 작은 시작이었다.

토크(TALK) 공부론

공부를 좋아하는 사람이 과연 몇이나 될까. 오죽했으면 공부가 인생의 전부가 아니라는 말까지 나왔겠는가. 암송담서점의 수험강의록 광고(『동아일보』, 1922.6.5.)에서는 "독학자의 호복음(好福音)"이라는 헤드라인 아래 "헛 보지 마시요"라고 하면서, 수험과목 강의록에 화살표까지 그려가며 다소 요란스럽게 표현을 했다. 그런데 억지로라도 공부를 해야 한다면 먼저 공부에 임하는 자세를 정립할 필요가 있다. 개인적인 체험에서 우러난 '토크(TALK) 공부론'을 제시해본다.

공부를 잘 하려면 먼저 책상(Table)에 앉는 순간 잘 할 수 있다는 자신감을 가져야 한다. 테이블이란 말을 자세히 들여다보면 '할 수 있다(able)'는 뜻이 숨어 있다. 자신감을 가지고 공부할 때와 그냥 공부할 때는 엄청난 차이가 난다. 한편, 공부하는 사람이라면 보고서나 논문 같은 글(Article)을 써 과제로 제출해야 한다. 그냥 기계적으로 쓰다 보면 마른 나뭇등걸처

암송담서점의 수험강의록 광고(『동아일보』, 1922.6.5.)

럼 건조한 글이 돼버린다. 재미있게도 아티클에는 예술(art)이
라는 의미가 담겨 있다. 문장을 다듬을 때 조금만 색다르게 표
현해도 글 전체가 달라진다.

　세 번째는 배우고 익히는 학습(Learning)이 중요한데, 난관에
부닥치면 왜 이 짓을 하나 싶어 이런저런 회의감이 몰려올 때
가 많다. 예컨대, 직장에 다니면서 뒤늦게 대학원에 다니는 만
학도의 경우 자주 느낄 수 있을 것이다. 학습이라는 영어 단
어를 관찰해보면 이익(earning)으로 꽉 차 있다. 인내심을 가지
고 공부를 마치면 반드시 또 다른 기회나 혜택이 돌아오지 않
겠는가. 마지막은 지식(Knowledge)이다. 어떤 분야를 탐구한 후

새로운 지식을 생산할 때는 남의 학설만 지루하게 인용하지 말고 자기 생각을 나타내야 마땅하다. 지식이라는 단어 끝에 뾰족함(edge)이 도사리고 있듯이, 공부하는 사람이라면 모름지기 자기 생각을 날카롭게 다듬을 줄 알아야 한다.

지금까지 많은 공부론이 있었다. 공자는 위기지학(爲己之學)을 제시하며 자신의 인격 수양과 자아실현을 위해 하는 공부를 중시했다. 다산 정약용은 성리지학, 훈고지학, 문장지학, 과거지학, 술수지학의 폐해를 비판하며 5가지를 혁파하고 바른 학문의 세계인 오학론(五學論)으로 들어가야 한다고 주장했다. 즉, 두루 널리 배워야 한다는 박학(博學), 깊고 자세히 물어야 한다는 심문(審問), 신중히 생각해야 한다는 신사(愼思), 명백히 분별해야 한다는 명변(明辨), 독실하게 실천해야 한다는 독행(篤行)이 오학론의 핵심이다. 철학자 김영민은 활을 당기되 쏘지 않고 숨 고르기를 해야 한다는 인이불발(引而不發) 공부론을 제시했다. 이밖에도 여러 가지 공부론이 있다. 그럼에도 불구하고 말장난 같은 토크(TALK) 공부론을 굳이 제시하는 까닭은 뜻밖에도 공부를 하다 지쳐 중도에 포기하는 사람들이 많기 때문이다. 밑절미(바탕)를 다진 다음 더 정진하기를 바란다.

집착 아닌 애착의 대상

커피, 토스터, 만년필, 잉크, 보드카, 맥주, 가구, 컴퓨터, 넥타이, 핸드백, 향수 등은 여러 상품 중에서도 자신이 특히 좋아하는 어떤 브랜드가 있을 수 있는데, 사람마다 다르기 마련이다. 이는 능력도 안 되는데 맹목적으로 값비싼 명품만을 추구하는 왜곡된 소비중독과는 다른 건전한 소비 성향을 말한다. 전자가 집착이라면 후자는 애착이다. 아사 버거(Arthur Asa Berger)는 『애착의 대상』에서 우리네 일상생활에서 중요한 역할을 하는 여러 물건들을 애착의 대상으로 보았다.[16]

파이롯도 만년필 광고(「동아일보」, 1922.11.18.)를 보자. 지금도 시중에 나와 있는 파이로트 만년필의 초창기 광고로써 브랜드 이름을 헤드라인으로 썼다. 중세의 기사가 창을 들고 있듯 만년필을 들고 있는 모습을 표현하는 데 지면의 절반가량을 할애했다. 파이롯도 만년필을 위풍당당하게 써보라는 메시지를 시각적으로 전달한 셈이다. 기사가 입고 있는 투구와 갑옷은 물론 만년필의 펜촉에 이르기까지 섬세함이 하늘을 찌른다.

"세(世, 세상)는 변(變)합니다! 성(醒, 깨달음)하시오, 제씨(諸氏, 여러분), 궤상(机上, 책상)에 주머니에, 성실히 제씨에 활약의 계절은 래(來)함 동양 일(一, 제일)의 대공장을 유(有)하고, 연

파이롯도 만년필 광고(『동아일보』
1922.11.18.)

80만본(本)! 기(旣, 이미)히
외국제품을 초월(超越)함."
요약하지면, 세상의 변화에
따라 필기구를 외국제품을
능가하는 만년필로 바꾸라
는 내용이다. 1920년대에 편
지 쓰기가 유행이었는데, 글
쓰기의 핵심 도구인 만년필
은 나름의 코드가 숨어 있는
애착의 대상이었을 것이다.

사람들은 코드로 자신을
말한다. 모든 상품에는 코드
가 숨어 있기 마련인데, 그런
코드화된 브랜드가 자아 정
체성과 집단 무의식을 형성
한다는 아사 버거의 주장은

일제강점기의 만년필 광고에서도 드러난다. 어떤 것에 애착
을 갖느냐에 따라 그 사람의 개성도 엿볼 수 있다. 고가의 어
떤 명품에 꽂혀 무조건 사고 보는 '묻지 마 쇼핑'은 애착하는
심리와는 거리가 멀다. 더구나 일상생활에 꼭 필요한 것이 아
닌 물건을 사는 경우도 많다. 사방을 둘러보라! 같은 무늬의

81

짝퉁 명품 가방들만 지나다니고 가방 주인은 보이지 않는다. 애착의 대상 갖기 캠페인이라도 벌여야 할 모양이다.

우유와 치맛바람

우윳값 인상은 보통 물가 인상의 신호탄으로 해석된다. 우윳값이 올라가면 우유를 주원료로 쓰는 빵이나 아이스크림 가격도 덩달아 오르기 때문이다. 따라서 우윳값을 인상한다는 뉴스는 언제나 달갑지 않을 수밖에 없다. 일제강점기에는 우유 광고 그 자체만으로도 반가운 뉴스였다. 그렇지만 우유 광고의 이면에는 우량아로 키워 황군(皇軍)으로 쓰겠다는 조선총독부의 의도가 숨어 있었다.

이누이우식료품주식회사(乾卯食料品株式會社)의 라구도겐 광고
(「동아일보」, 1922.12.24.)

이누이우식료품주식회사(乾卯食料品株式會社)의 라구도겐 광고(「동아일보」, 1922.12.24.)에서는 "애(愛)하라/ 경(敬)하라/ 강(强)히 육(育)하라"는 헤드라인을 아이의 그림 아래쪽에 배치했다. 지면 하단에 헤드라인을 배치하기란 쉽지 않은 선택이다. "증물(贈物, 선물)로는 다시 업는(없는) 어느 가정에서던시(든지) 대환영이올시다. 귀지(貴地, 상대방이 사는 곳을 높여 부름)에서도 만히(많이) 판매합니다"라는 보디카피에서 알 수 있듯이, 선물로도 좋고 어느 곳에서나 많이 판매되고 있다며 '분말 순유'의 특성을 강조했다.

통통하게 살찐 아이가 사발에 가득 담긴 라구도겐(ラクト ーゲン) 우유를 한 손으로는 들기 어려워 두 손으로 들고 있는 장면은 많이 먹여 우량아로 키우라는 시각적 메시지다. 이전에는 젖이나 밥 말고는 아이에게 먹일 게 없었는데, 우유라는 신상품이 알려지면서부터 엄마들은 이유식 개념을 갖게 된다. 아이를 사랑하는 모성애와는 별도로, 아이를 근대적 아동인 우량아로 키우겠다는 생각은 1920년대 이후 급속히 확산되었다. 당시 조선총독부에서 자녀를 우량아로 키우라고 적극 권장했기 때문이다. 곳곳에서 우량아 선발대회를 개최했으며, 우유를 먹여 우량아로 키우는 것이 근대적이며 과학적인 모성애라고 추켜세웠다.

왜 그랬을까? 잘 키워 18~19세가 되면 일본 천황의 충직하고 용맹스런 병사로 만들기 위함이었다. 그 시절의 우유 한 사발엔 그토록 음험한 음모 혹은 역사의 슬픈 장면이 녹아 있었던 셈이다. 영문도 모르는 엄마들은 아이에게 더 이상 젖을

물리지 않아도 된다는 '근대적 각성(?)'을 하는 동시에 스스로 과학적 모성애를 발휘한다고 착각하며 아이에게 열심히 우유를 먹였으리라. 백지혜가 지적했듯이 근대적 아동을 발견한 식민지 조선의 어머니들은 자식에 대한 지나친 집착과 행복한 가정 만들기에 눈뜨게 되는데, 이러한 열정은 훗날 대한민국 특유의 '치맛바람'의 근원이 되었다.[17] 자식의 주위만 빙빙 돌며 지나친 열정과 집착을 보이는 요즘의 헬리콥터 맘들의 행태는 어쩌면 그때부터 벌써 시작되지 않았을까 싶다.

공모전 수상자 키우기

이런저런 공모전이 넘쳐나고 있지만 수상자만 배출하고 그들을 지속적으로 키우지 않는 일회성 행사로 그치는 경우가 많아 안타깝다. 지금은 너무 많은 공모전이 있어 공모전 피로감이라는 말까지 생겨났다. 조선청년회연합회의 '조선물산장려 표어현상 당선' 광고(「동아일보」, 1922.12.25.)는 많은 것을 암시한다. 경제적 자립을 강조한 조선물산장려운동과 관련해, 당시 동아일보는 "경제적 각성을 촉(促)하노라(1922.1.4.)" "산업 상으로 자립(自立)하라(1922.3.17.)" 같은 1면 톱기사로 공공 의제를 설정하고 나섰다.

당선 광고보다 앞서 나간 현상공모 광고(「동아일보」, 1922.

조선청년회연합회의 '조선물산장려 표어현상 당선' 광고(『동아일보』, 1922.12.25.)

12.1.)에는 1등 1인 50원, 2등 2인 15원, 3등 4인 5원의 상금을 걸고, "조선 사람은, 조선 것과, 조선 사람이 만든 것을, 먹고 닙고(입고) 쓰고 살자"는 내용을 작성하라고 했다. 이후 나간 당선작 발표에서는 1등 없이 2등에 이광수("조선 사람, 조선 것")를 비롯한 세 명, 3등에 서인식("조선 사람, 조선 것으로")을 비롯한 네 명이었다. 공고문을 그대로 썼고 '으로'가 있고 없고 외에는 똑같은데, 2등과 3등을 어찌 갈랐을까. 그런데 수상자에 소설가이자 언론인인 이광수와 평론가 서인식이 들어 있어 흥미롭다.

유명한 춘원 이광수는 따로 설명할 필요가 없겠다. 서인식(徐寅植)은 「께오리·루가츠(게오르그 루카치) 역사문학론 해설」이나 「동양문화의 이념과 형태」 같은 글에서 동아시아의 지향점을 모색했던 당대의 지식인이다. 당선작이 발표된 1922년에 이광수는 30세(1892년생), 서인식은 16세(1906년생)였다. 서인식은 중앙고보 학생이라 응모할 법한데, 1917년부터 『무정』을 연재했던 춘원이 왜 응모했는지 이해하기는 어렵다. 심사위원 자격도 넘치는 등단 작가였으니 어색할 수밖에.

현상 공모는 호랑이 새끼 둘을 키워냈다. 이광수는 Y생이라는 익명으로 1923년 2월에 단편소설 「가실」을 동아일보에 연재하고, 1923년 5월 16일 촉탁기자로 동아일보에 입사했으니, 몇 달 전 수상이 인연의 작은 실마리가 되었으리라. 서인식도 평론을 공부했다. 만약 현상 공모가 없었다면 둘의 인생은 어떻게 달라졌을까. 마찬가지로 요즘 공모전 수상자들 역시 미미해 보이지만 호랑이 새끼일 수 있다. 공모전이 일회성 행사로 끝나서는 안 되는 이유가 여기에 있다. 수상자의 재능을 계속 키워주는 제도 개선이 시급한 때다.

스스로 메이크업

오디션 프로그램이 인기를 끌자 메이크업의 최강자를 가리는 프로그램까지 인기몰이를 했다. 한 케이블 방송의 「겟 잇

뷰티(Get it beauty)」프로그램에서는 여섯 달 동안 각종 테스트를 거쳐 8명이 본선에 진출해 결승을 벌인 적이 있다. 메이크업 전문가도 놀랄 만한 독특한 노하우를 보통 사람들이 보여준 것이 이 프로그램을 주목받게 했다. 뷰러(속눈썹 집게)를 거꾸로 뒤집어 사용하거나 메이크업 도구 대신 손으로 화장하는 장면 등은 인상일 수밖에 없었다.

제생당세약소의 하루나 광고(「동아일보」, 1923.1.31.)에서는 "여자의 자랑은 색백(色白, 흰 피부)하고 미인"이라는 헤드라인 아래 메이크업의 필요성을 강조하고 있다. "만약 여자로 생(生)하야 색흑(色黑, 검은 피부)하면 여드름과 죽은깨(주근깨)로 보기 슬흐면(싫으면) 미인이라고는 칭(稱, 말함)치 못할 불행한 인(人)이오, 또 남자라도 결코 행복이라고는 칭(稱)치 못합니다. (중략) 인도인이면 모르겟스나 아(我) 일본에는 석일(昔日, 옛날)부터 색흑한 미인은 업다." 검은 피부는 불행하다면서 요즘 말로 화이트닝 메이크업을 하라는 내용이다.

거울을 보며 메이크업하고 있는 여자의 얼굴을 중앙에 배

제생당제약소의 하루나 광고(「동아일보」 1923.1.31.)

치하고 나머지 부분을 보디카피로 채우면서 화장법을 상세히 설명하는 광고다. 검은 피부의 사례로 인도인을 들었는데 요즘 같은 글로벌 시대에는 절대 쓰면 안 되는 카피다.[18] 일제강점기에는 피부를 하얗게 만드는 이로지로(色白, いろじろ) 메이크업이 유행했는데, 일본 고유의 민중 연극인 가부키(歌舞伎)에 출연하는 배우들은 흰색을 덕지덕지 발라 도통 얼굴을 알아볼 수 없게 했다. 가부키 브러시라는 메이크업 도구는 지금도 쓰이고 있을 정도다.

메이크업은 여배우들이 주도했다. 1920년대의 다이안 레인, 1930년대의 그레타 가르보, 1940년대의 잉그리드 버그만, 1950년대의 오드리 헵번, 1960년대의 브리지트 바르도 등이 각각 당대의 메이크업에 영향을 미쳤다. 하지만 사람들의 얼굴 모양과 피부색은 각각 다르다. 그 다름이 곧 자신만의 아름다움을 만들어가는 틈새, 스타 흉내만 내지 말고 자신에 맞는 화장법을 찾아야 하는 까닭이다. 자기 얼굴은 자신이 가장 잘 안다. 때문에 스스로 자기의 메이크업 전문가가 되어야 하지 않을까.

쿨하지 않은 사랑

젊은이들 중에 연애의 대상을 쉽게 만났다 또 쉽게 헤어지는 경우가 있다. 사랑의 열병도 별로 앓지 않고 말이다. '쿨하게' 끝냈다는 건 편한 이별의 다른 표현이다. 만난 지 30일째, 60일째 하며 날짜를 세거나 만난 지 100일이 됐다며 '백일 기념식'을 하는 걸 보면 오래가는 커플이 그만큼 적다는 증거다. 1920년대 부산 지역을 떠들썩하게 만들었던 순애보가 있었다. 주인공은 신문에 광고를 자주 낸 광고주이기도 했다.

미국 의학박사 어을빈(魚乙彬)의 광고(「동아일보」, 1924.2.15.)에서는 헤드라인에 상품(上品)이라 쓰는 것도 모자라 보재약, 만병수, 금계랍 위에 각각 '미국 상상품(上上品)'이라고 했다. VIP로는 부족해 VVIP라고 쓰는 요즘 과잉 표현의 원조 격인 것이다. 보재약(補材藥)은 "신체의 외부와 내부를 건강케 하는 이 세상에 제일 귀중한 강장제"이고 만병수(萬病水)라는 "영약(靈藥)을 복용하고 수십만인은 견효(見效, 효과를 봄)"했으며 금계랍(金鷄納)은 "미국으로부터 직수입하야 발매하는 세

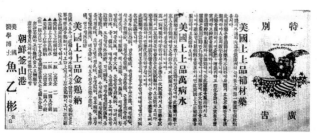

미국 의학박사 어을빈(魚乙彬)의 광고(「동아일보」, 1924.2.15.)

계(세상)에 보통 금계랍이 아니"라고 말한다.

어을빈의 본명은 찰스 휴스테츠 어빈(Charles H. Irvin)으로 1893년 미국 북장로회 소속의 의료 선교사로 부산에 발을 들였다. 병원을 설립한 그는 '만병수' 약을 개발해 떼돈을 벌었고 그 사이 자기 병원의 간호사 양유식과 사랑에 빠졌다. 부인과 이혼한 그는 양유식과 재혼을 했고, 1911년 이후부터는 선교사가 아닌 병원 개업의로 살았다. 몇 년 후 양유식은 폐결핵을 앓아 혼자서 요양을 떠났는데 그 사이에 일본인 요시하시와 눈이 맞아 동거하다가 세상을 떠났다.

사망 소식을 전해 들은 어을빈은 그녀의 무덤에 하루도 거르지 말고 꽃다발을 갖다 놓게 했고, 자신도 사흘에 한 번꼴로 묘지에 가서 통곡했다고 한다. 그녀가 자신을 버리고 요시하시와 동거했어도 사랑하는 마음이 식지 않았던 탓이었다. 그들의 사랑은 아시아태평양경제협력체(APEC)의 2005년 부산 정상회의 때 '부산 아리랑'이라는 춤극으로 만들어졌다. 그런 사랑이 너무 맹목적이고 바보스럽지 않느냐며 반문할 수도 있겠다. 하지만 바보면 어떠랴, 꼭 그 사람이 아니면 더 이상 사랑할 수 없다는데. 너무 쿨하게 헤어지는 요즘 젊은이들이 쿨하지 않은 사랑의 의미를 되새겨 보았으면 싶다.

성형수술

바야흐로 성형 미인의 시대다. 가슴 성형, 양악 수술, 턱 성형, 코 성형, 눈 성형, 쌍꺼풀 수술, 안면윤곽 성형 따위의 온갖 성형수술 열풍이 온 나라에 불고 있다. 외모가 경쟁력이라는 말로 성형수술이 정당화되고 있는 것이 현실이다. 버스나 지하철의 광고판은 물론 인터넷 광고창에도 성형수술 광고가 넘쳐 홍수가 날 지경이다. 놀랍게도 일제강점기에도 성형을 부추기는 광고가 있었으니 말문이 막힌다.

동경의료기계제작소의 광고(「동아일보」, 1924.2.15.)를 보자. "비(鼻, 코)가 고(高, 높게)케 되"라는 헤드라인 아래 강비기(降鼻器, 코 성형기)를 무료로 대여해준다는 정보를 제공했다. "비(鼻, 코)는 인생의 화(花, 꽃)로서 중요한 부분인 바 행과 불행

동경의료기계제작소의 광고(「동아일보」, 1924.2.15.)

91

의 분기점은 실로 비(鼻)의 모양 여하(如何)에 재(在, 있음)함. 청년남녀 중 (중략) 기타 비(鼻)의 모양이 불호(不好, 좋지 않은) 한 인(人), 본법(本法)은 구식의 주사나 강비술(降鼻術, 코 성형술)이 아니요 자택에서 인(人) 부지(不知, 모르는)할 사이 강비(降鼻)되는 신안특허의 기(器)를 희망자에 무료로 대여함." 무료로 써보고 필요하면 사라는 보디카피가 유혹적이다.

코가 인생의 꽃이며 행복과 불행의 분기점이 코의 모양에 달려 있고, 자신도 모르는 사이에 코가 달라질 수 있다니 요즘 광고 카피와 너무 흡사하다. 성형외과들은 외모가 뛰어나지 않으면 선택의 대상에서 제외될 수 있다며 사람들의 불안감을 자극하고, 성공 사례의 전후 사진을 제시하며 사람들의 기대감을 부추긴다. 성형수술이 꼭 나쁘다고만은 할 수 없다. 필요한 사람은 해야 한다. 더욱이 결과가 좋아 당사자가 만족해한다면 그 기쁨을 무엇에 비하랴.

하지만 한 군데 성형으로 만족하지 못하고 다른 곳을 또 고치고 싶어 하는 사람들의 성형 중독은 문제다. '페이스 오프' 수준으로 얼굴을 바꾸려 하는 건 망상이다. 오죽했으면 미스코리아를 자연 미인과 성형 미인 부문으로 나눠 선발해야 한다는 말까지 나올까. 또한, 부작용은 언급하지 않는 성형외과들도 문제다. 좋은 정보만 알리고 나쁜 내용은 고의적으로 빼는 것도 정보의 왜곡이니까. 더 아름답게 만들어주는 성형외과 의사들의 기술에는 감사해도, 부작용을 누락시키는 사기술에는 감시의 눈을 번뜩여야 한다.

마음까지 뚱뚱하다

개그맨 김준현이 "오해하지 마. 마음만은 홀~쭉하다"면서 눈을 흘기는 순간, 사람들은 그 표정 연기에 홀딱 빠져들 것 같다. 한동안 엄청난 인기를 모은 KBS「개그콘서트」의 '네 가지' 코너에서 김준현이 내뱉는 언어들은 뚱뚱해도 기죽지 말고 살라는 당당한 자기표현 같다. 일상적 경험이 녹아 있는 개그 소재인지라 친근하게 다가오지만, 비만인에 대한 편견이 우리 사회 곳곳에 도사리고 있음을 알리는 사회 비평적 성격이 강하다. 바람직한 신체에 대한 생각은 시대에 따라 달라져 온 편견이다. 일제강점기에는 뚱뚱한 사람이 귀하신 몸 대접을 받았다.

공애상회(共愛商會)의 광고(「동아일보」, 1924.2.25.)에서는 비만을 권장하고 있다. 헤드라인을 "쇠약을 부활하고 해(害) 업시(없이) 신체가 비대(肥大)함"이라고 쓰면서 '비대'라는 단어를 배 이상으로 키워 강조했다. 보디카피에서는 "신체가 여웨서(여위어) 고통하는(고통 받는) 이는 엽서로 신청하면 위장을 건강케 하고 소화를 좃케(좋게) 하며 영양을 가량(佳良, 양호)케

93

공애상회(共愛商會)의 광고
(『동아일보』, 1924.2.25.)

하야 해가 업시 신체가 비만케 되는 신료법서(新療法書, 새 치료법 책)를 진정(進呈, 드림)"한다며 비만을 더 강조했다.

몸이 홀쭉한 사람에게 비만해지는 방법을 소개한 책을 드리므로 엽서로 신청하라는 내용인데, 김준현 투로 말하자면 "마음만은 뚱뚱하다"는 생각으로 시도해보라는 것. 치료제 판매를 위한 사전 포석인데, 요즘 나오는 각종 다이어트 상품의 판매 전략에서도 쓰는 수법 그대로다. 2012년, 미국식품의약국(FDA)은 칼로리 섭취량을 낮추는 식이요법과 병행하는 약물인 큐시미아(Qsymia)의 발매를 승인했다. 제약사들은 또 요란법석을 떨 것이다.

홀쭉하고 날씬한 몸 만들기를 비판할 생각은 없다. 다만 그 정도가 너무 지나쳐서 문제다. 입만 열면 몸매 걱정만 하거나 다이어트 이야기만 늘어놓는 사람들이 있는데, 마치 날씬한 몸을 위해서라면 목숨까지 바칠 각오가 돼 있는 사람들 같다. 김준현의 개그가 값지게 느껴지는 까닭은 "마음만은 홀~쭉하다"면서도 홀쭉함을 미화하지 않고 은연중에 날씬한 몸을 최고의 가치로 여기고 조장하는 현실을 여유롭게 야유하기 때문이다. 이제, "마음까지 뚱뚱하다"면서 새로운 시리즈를 더 당당하게 전개해보면 어떨까.

비누 예술의 가르침

2012년 런던올림픽 기간에 영국 런던의 시내 곳곳에서는 대한민국 문화축제 '오색찬란(五色燦爛)' 행사가 열렸다. 한국 문화의 속살을 보여주는 여러 행사 중 신미경 작가의 비누 조각상은 특히 주목할 만했다. 2년이 지나면 풍화되어 거품처럼 사라질 비누 조각상을 통해 시간과 역사의 흐름을 표현한 작품이었다. 19세기 중반까지 카벤디시 광장에 서 있다가 지금은 좌대만 남은 컴벌랜드 공작(Duke of Cumberland)의 기마상을 비누로 재연한 이 작품은 비누 예술의 절정을 보여주는 동시에 비누의 역사까지 돌아보게 했다.

가데이(カテイ) 석감의 광고
『동아일보』, 1924.8.25.)

가데이(カテイ) 석감의 광고(『동아일보』, 1924.8.25.)

95

를 보자. 석감(石鹼)이란 명아주를 태운 재로 잿물을 받아 석회가루와 섞어서 굳혀 만든 재래식 비누의 하나다. "일본인의 피부에 제일 조흔(좋은) 얼골(얼굴) 거칠지 안는(않는) 가데이 석감"이라는 헤드라인 아래 다음과 같은 보디카피가 이어진다. "정선한 원료와 일영독(日英獨) 기사(技師)의 우수한 기술로써 합리적으로 제조한 살이 거칠지 안코(않고) 얼골이 미려(美麗)하게 되는 순량(純良, 순하고 질 좋은) 석감이올시다…"

우리나라에서 광고를 하면서도 일본인의 피부에 가장 좋다고 주장한 점에서 모든 조선 사람들을 일본인으로 간주했다고 하겠다. 기모노를 입은 일본 여인이 모델로 등장한 것도 그 근거다. 얼굴이 미려해지는 순하고 질 좋은 가데이 비누를 쓰라는 내용인데, 광고 상단에 "박래(舶來) 석감에(비누보다) 우(優)한(나은) 우량 석감"이라며 외국의 박래품보다 낫다고 강조했다. 자매품인 구라부 석감까지 소개했던 점에서 그 무렵 비누의 브랜드화가 진행되었음도 알 수 있다.

비누의 역사는 유구하다. 1세기 무렵의 학자 플리니우스의 『박물지』에 갈리아 사람이 비누를 발명했다는 내용이 있다.[19] 우리는 유지와 잿물로 비누를 만들다가, 일제강점기에 가성소다가 들어오자 서양의 신기한 물질이라며 잿물 앞에 '양' 자를 붙여 양잿물로 불렀다. 석감의 시절을 거쳐 최근에는 개당 2만 원이 넘는 명품비누까지 나왔으며, 나아가 비누 예술

도 각광받고 있다. 비누 예술의 핵심은 언젠가 모든 것이 사라
진다는 소멸의 미학이다. 많은 것에 집착하는 우리도 언젠가
는 비누 거품처럼 사라지리라.

비싼 와인만 마신다?

신(神)의 물방울이라는 와인. 우리나라에서도 프랑스에 못
지않게 와인 소비량이 급증하고 있다. 최근 한 대형마트가 발
표한 판매 지수를 봐도 와인 소비가 늘었다. 그 판매 지수는
해당 대형마트가 판매하는 476개 상품군의 분기별 소비량의
변화를 평가한 수치로, 100 이상이면 전년 같은 기간보다 소
비가 늘었고 100 이하면 줄었음을 뜻한다. 경기침체로 생필
품이 포함된 식생활 지수가 사상 최저치인 92였는데, 와인은
112로 나타났다(2012년 기준). 비슷한 맥락에서 일제강점기에
도 어떤 사람들은 와인을 즐겼다.

아까다마(赤玉) 포트와인의 광고(「동아일보」, 1925.4.8.)를 보
자. 포트와인이란 포르투갈에서 만든 레드 와인이며 아까다
마는 빨간 구슬이라는 뜻이다. 아예 "적옥(赤玉) 포트와인"을
헤드라인으로 썼다. "생명의 술이라고, 찬가(讚歌)를 밧는(받
는) 방순(芳醇, 향기롭고 맛이 좋음) 무비(無比, 비교할 수 없음)한,
아까다마(赤玉)! 비(比)하면 존귀한 홍옥(紅玉)이오, 순연(純

97

아까다마(赤玉) 포트와인의 광고(『동아일보』 1925.4.8.)

然, 순수)한 처녀의 피"라며 보디카피에 온갖 미사여구를 다 붙여 썼다. '순수한 처녀의 피'라는 설명은 몸에 좋은 약처럼 포장한 결정판이다.

　라인 드로잉의 세련미도 톡톡 튄다. 여인은 와인 잔을 받쳐 들고 배달하는 모양새를 취하고 있는데, 서글서글한 눈매가 독자들과 일일이 눈 맞춤하는 것 같다. 이 광고는 카피와 비주얼이 어떻게 상업예술이라는 이름의 웨딩홀에서 행복한 결혼으로 잘 마무리될 수 있는지, 그 달콤한 법칙을 알려주고 있다. 우리나라 사람들이 포도주는 맛이 달아야 한다는 집단적 기억을 지닌 데는 아까다마의 영향이 컸다는 기록도 있다 .

이런저런 모임에 나가보면 소믈리에는 비싼 와인을 주로 권한다. 와인 가게에서도 마찬가지다. 값에 걸맞은 와인의 맛과 향을 구별할 사람이 과연 몇이나 될까. 외국 여행을 할 때마다 와이너리에 가보면 한 병에 우리 돈 1만 원이면 충분한 향기로운 와인도 많다. 맛과 향을 구별하지도 못하면서 무조건 비싼 것만 고집해서야 되겠는가. 지금 대형마트에서는 반값 와인을 내놓았고, 정부에서도 인터넷 판매를 허용했다. 비싼 와인을 마셔야 분위기가 산다며 허세를 부리기보다 자기 취향의 맛과 향을 발견하는 일이 먼저가 아닐까.

콘돔 착용

2012년, 런던에서 『비밀의 올림피언*The Secret Olympian*』이라는 책이 출간돼 남자들 술자리의 안주감이 된 적이 있었다. 2000년 시드니올림픽 당시 조직위원회에서 나눠준 무료 콘돔 7만 개가 1주일 만에 동이 났는데, 그때 참가 선수가 10,651명이었으니 한 명이 하루 1개씩 사용한 꼴이라며 선수촌의 성생활을 묘사한 책 내용이 단연 흥미로웠기 때문이다. 선수촌에서 그럴 수가 있느냐며 흥분하는 사람도 있는데, 선수들도 똑같은 욕구를 지닌 사람 아닌가. 더 엄혹했던 일제강점기에도 사람들은 콘돔을 썼다.

정자당(丁子堂)의 삿구 광고(「동아일보」, 1926.2.26.)

　정자당(丁子堂)의 삿구 광고(「동아일보」, 1926.2.26.)를 보자.
"남녀 방독(防毒) 고무"라는 설명에 이어 '삿구'가 헤드라인으
로 쓰였다. '삭구'로 쓰이다 일제강점기에 삿구로 굳어진 이
말은 요즘의 콘돔이다. "본방(本邦, 우리나라) 유일(唯一)의 정
량품(精良品, 정품)"이라는 설명을 덧붙였다. 기능에 대해 자세
히 설명하지 않고 상제(上製, 최고급품)부터 여자용까지 10가지
종류별로 값을 깨알같이 설명했다. 마지막에 가서야 "비밀히
개인 명의로 밀송(密送, 비밀 배송)함. 타품(他品)과 비교걸(比較
乞, 비교 바람)"이라는 보디카피 두 줄을 덧붙였다.

　콘돔을 '독을 방지하는 고무'라고도 설명하고 있어 흥미롭
다. 그 시절의 신문에 하루가 멀다고 매독과 임질 치료제 광고
가 등장했으며 콘돔을 방독 고무로 설명했다는 사실에서, 당시
에는 콘돔이 피임의 수단이 아닌 성병 예방 도구로 쓰였음을

알 수 있다. 마무리 카피에 나타나듯이 누가 알까봐 비밀리에 개인 앞으로 배송했다는 점도 요즘과는 사뭇 다른 풍경이다.

최초의 콘돔은 영국왕 찰스 2세의 방탕함을 걱정하던 주치의가 혈통의 남용을 막기 위해 어린 양의 맹장으로 만들었다고 한다. 양의 창자로 만들었던 콘돔은 리넨을 거쳐 라텍스 소재로 진화했다. 최근에는 미국의 로스앤젤레스 카운티에서 에이즈 예방운동 차원에서 콘돔 디자인을 공모했는데, 까만 나비넥타이 그림에 "품위 있게 착용하자"는 카피를 쓴 작품이 최고상을 받았다. 가장 좋은 피임법은 하지 않는 것. 하지만 올림픽에 출전한 선수건 안방에서 구경하는 사람이건 부득이 콘돔을 써야 한다면 좀 더 품위 있게 '착용'하라는 뜻으로 그 카피를 이해해보자.

아름다운 얼굴

해마다 연말이 되면 여러 매체에서 가장 아름다운 얼굴을 발표하는 행사를 벌인다. 영화비평 사이트 TC 캔들러는 「해리포터와 마법사의 돌」로 유명한 엠마 왓슨을, 다른 영화비평 사이트 인디펜던트 크리틱스는 「인비저블」로 유명한 카밀라 벨을, 2011년 세계에서 가장 아름다운 얼굴 1위로 뽑았다. 그뿐이겠는가? 우리나라의 『무비위크』는 저널리스트가 뽑은 가장 아름다운 얼굴 남자 부문에 하정우를, 여자 부문에 수지를 선정했다. 그들은 처음부터 아름답게 태어났을까, 아니면 나중에 아름다워진 걸까. 사용하면 곧 아름다운 얼굴이 된다는 화장품 광고를 보자.

모모야준텐캉(桃谷順天館)의 백색미안수 광고(「동아일보」, 1927.4.20.)에서는 "곳 아름다운 얼골(얼굴)이 되는 백색미안수(白色美顏水)"를 쓰라고 한다. 한복을 차려입은 한국 여성과 기모노 차림의 일본 여성이 갸우뚱하게 쳐다보고 있다. 요즘 광고에서처럼 여인의 모습을 컬러로 제시하지 않았지만 단아하게 화장한 느낌을 전달하고도 남는다. 광고를 보면 여인의 마음이 흔들릴 수밖에 없을 듯하다. 카피라이터의 논리적인 글 솜씨와 디자이너의 섬세한 드로잉 솜씨가 만나 명작 광고를 빚어냈다.

보디카피에서는 백색미안수에 납 성분이 없다는 점을 조목조목 설명하고 있다. 동경과 오사카의 상류층 부인들도 안심하고 쓴다는 것이다. 옛날 분에 연독(鉛毒, 납 성분의 독)이 들어 있다는 사실이 증명되었는데, 일본 내무성 위생시험소에서 백색미안수는 무연(無鉛)임을 증명했다는 내용도 있다. 보디카피에서 무연 화장품이라는 점을 세 번씩이나 강조했던 점에서 납 성분 여부가 1920년대 후반기 화장품 업계의 뜨거운 쟁점이었다는 사실도 알 수 있다.

모모야쥰텐캉(桃谷順天館)의 백색미안수 광고(「동아일보」, 1927.4.20.)

하얀 피부와 서구적 이목구비는 화장 감각에 눈뜬 근대인에게 아름다운 얼굴의 기준이 되었다. 광고에서 아름다운 얼굴의 기준으로 이 두 가지를 제시했기 때문이다. 최근 여러 매체에서 발표한 아름다운 얼굴도 어떠한 기준에 따라 선정된 결과다. 하지만 기준이란 언제든지 바뀐다. 그동안 화장품 광고에서 아름다운 얼굴의 기준을 거의 다 제시해왔다. 마찬가지로 지금 우리 역시 광고에서 만들어낸 화장발 이미지를 모방하고 있는 건 아닌지. 광고의 힘은 생각보다 강하다. 이슬비로 내리지만 야금야금 젖어들게 하는 것이 광고의 힘이기 때문이다.

자동차 문화

우리나라 자동차 산업의 기술력은 이미 세계적 수준이다. 1903년에 고종 황제가 미국에서 포드자동차를 사들이면서 우리나라의 자동차 역사가 시작되었는데, 글로벌 자동차 기업을 가진 우리는 이제 세계를 누비고 있다. 1924년에 포드가, 1925년에 제너럴모터스가 일본에 조립공장을 세운 직후부터 그 여파가 식민지 조선에도 영향을 미쳤다. 현대자동차에서 미국이나 중국 현지에 조립공장을 세워 현지에서 차를 출고하는 상황과 마찬가지다.

포드자동차 광고(「동아일보」, 1928.4.10.)를 보자. "과연!! 진가(眞價) 유감 업시(없이) 발휘되다!!!"라는 헤드라인에 "도쿄(東京) 오사카(大阪) 간 무정지 운전 성적 공표"라는 설명을 덧붙였다. "자동차계 미증유(未曾有, 이전에 없었음)의 장거(壯擧, 대단한 일)로서 전국적으로 선풍과 가튼(같은) 인기를 권기(捲起, 휘감아 올림)한 도쿄 오사카 간 397리 무정지 운전은 거월(去月, 지난 달) 15일 오후 2시에 도쿄를 출발한 2대의 신형 포드로써 행(行)하였습니다"라며 보디카피에서 자동차 시험 주행 사실까지 상세히 설명했다.

자동차 한 대를 지면 중앙에 배치하고 내구성, 정확성, 경제성, 쾌속성을 강조하고 나서 마지막에 "배차(配車, 출고)는 주문 순을 엄수합니다. 우선권을 어드랴면(얻으려면) 급히 예약하십시오"라며 주문 유도도 빼놓지 않았다. 도쿄에서 출발해 오사카까지 무정차로 주파했다며 포드의 성능을 과시하는 광고로, 마치 요즘 자동차 광고들에서 성능시험 결과를 제시하는 것과 같은 방법을 썼다.

포드자동차 광고
(『동아일보』, 1928.4.10.)

1920년대에 자동차는 권력층의 전유물이었기에 보통 사람들은 부정적으로 인식했다. 당시 신문에서도 "자동차를 모는 부랑자"나 "황금을 뿌리는 야유랑(冶遊郞, 방탕아)의 자동차"라며 부정적인 기사를 내보냈다. 그렇지만 당시 경성의 부자들 사이에서는 자동차 드라이브가 유행했다. "전선주 베러 가자"는 한강 철교 변에 늘어선 전신주 사이를 S자 형으로 꼬불꼬불 빠져나가자는 말이었고, "오줌고개로 가자"는 정릉을 거쳐 청량리 쪽으로 가자는 뜻이었다. 그런 시절을 거쳐 오늘날 우리나라는 자동차 강국이 되었다. 자동차 기술력에 버금가는 수준 높은 자동차 문화를 시급히 정착시켜야 한다.

조미료 제국주의

조미료를 쓰지 않으면 음식 맛을 낼 수 없을까, 아니면 우리가 조미료 맛에 길들여진 것일까. 식재료 고유의 맛이 살아 있다면 좋을 텐데 그렇지 않은 식당이 너무 많다. 심지어 조미료를 쏟아 부었는지 식재료 맛은 사라지고 조미료 냄새만 진동하는 곳도 많다. 우리나라는 일제강점기에는 아지노모도가, 해방 후에는 미원(味元)이 대표적인 조미료로 자리를 차지했다.

스즈키상점(鈴木商店)의 아지노모도 광고(「동아일보」, 1936.6.25.)에서는 "아지노모도(味の素)"를 헤드라인으로 썼다. 아지노모도를 쓰는 집에서는 남편이 "마누라 음식은 언제든지 맛이 있거든! 참 재주 떵어리(덩어리)란 말야!"하니까, 부인은 "아이 날마닥(날마다) 놀니시네(놀리시네) 제 층찬(칭찬) 마시고 아지노모노를 층찬허서요"라며 부부의 사랑을 나타냈다. 아지노모도를 안 쓰는 집에서는 남편이 "이걸 어터케(어떻게) 먹으란 말야! 오늘두(오늘도) 또 식당에 가서 먹을 수박게(수밖에) 업지(없지) 경을 칠 놈의 노릇!"이라며 밥상을 엎자, 부인은 "아이구머니!" 하며 몸을 피하는 장면을 제시했다.

두 가지 경우를 만화로 비교하고 이왕가어용달(李王家御用達)이라며 이(李) 왕가에서도 쓴다는 왕실의 권위를 활용했다. 식당에 가서 밥을 먹겠다는 표현에서 그 시

스즈끼상점(鈴木商店)의 아지노모도 광고(「동아일보」, 1936.6.25.)

절 대중음식점에서도 아지노모도를 애용했음도 알 수 있다. 1920~1930년대의 아지노모도는 동아시아 지역에 조미료 하나로 맛의 제국주의를 성립시켰다. 아지노모도는 지금의 통신 회사들처럼 광고를 많이 했다. 기생 문예봉이나 무용가 최승희를 모델로 쓴 포스터도 배포했고, 건물 옥상에 네온사인을 달아 옥외광고도 했다.

아지노모도는 1910년대에 광고를 시작해 1950년대까지 물량 공세를 퍼부었다. 겉으로 식생활의 근대화를 표방했지만 그러는 사이 우리 입맛은 표준화되었다. '광고는 공동체를 끊임없이 강화하는 사회적 기제'라고 한 가라타니 고진(柄谷行人)의 주장[20]은, 조선인들 각자가 가지고 있던 입맛을 일거에 표준적인 하나의 맛으로 획일화하는 데 영향을 미친 아지노모도 현상을 설명하는 타당한 논거가 된다. 고유하게 전해오던 각 지역의 독특한 입맛은 하나로 통일되어 애매한 맛이 되어버렸다. 아지노모도 광고는 조선인의 입맛을 일거에 하나의 맛으로 통일하는 사회적 기제 역할을 했던 셈. 우리가 시골 음식점에서 밥을 먹을 때 서울에서 먹던 맛과 똑같다며 실망하는 데는 그런 사연이 스며 있다. 고유하게 전해오던 우리 입맛을 되찾기에는 너무 늦었을까?

올림픽과 COREA

우리나라 올림픽의 역사는 1936년 독일 베를린올림픽에서 시작되었다. 일장기를 달고 마라톤에 출전했던 손기정 선수와 남승룡 선수가 각각 금메달과 동메달을 땄기 때문이다. 이들 가슴에 붙어 있던 일장기를 과감히 지우고 보도한 것이 동아일보의 그 유명한 일장기 말살 사건. 마라톤 세계제패 후 여러 상점에서 두 선수를 광고 모델로 활용했다. 그들은 박태환, 김연아, 손연재 선수처럼 스타 마케팅의 대상으로 떠올랐던 셈. 하지만 마케팅적 가치가 높은 스타 모델의 원조였음에도 불구하고 모델료는 한 푼도 받지 못했다.

모리나가 미르크 캬라메루(森永 ミルク キヤラメル) 광고(「동아일보」, 1936.8.19.)에서는 "오림픽(올림픽) 전사 손남(孫南) 양군(兩君)의 세계제패를 축하합시다!!"라는 헤드라인에 결승선을 끊고 선수가 들어오는 장면을 간명하게 제시했다. 보디카피는 다음과 같다. "조선이 나흔(낳은) 마라숀(마라톤)왕 손기정, 남승룡 두 선수를 본받어(본받아) 우리도 세게(세계)에 일홈(이름)을 날리기 위하야 모리나가 미르크 캬라메루(밀크 캬러멜)를 먹고 어서어서 장성합시다."

캬러멜이 성장에 얼마나 도움이 될지 모르겠지만 모리나가 밀크 캬러멜을 먹고 성장해 스포츠 스타처럼 이름을 날리자

모리나가 미르크 캬라메루(森永 ミルク キヤラメル) 광고
『동아일보』 1936.8.19.

는 내용이다. 이 광고에 이어 올림픽 제패를 축하하는 여러 광고가 이어졌다. "손기정 군 오림픽 마라손 우승"을 축하하는 광고주 10곳의 합동광고(『동아일보』 석간 1936.8.22.)가 3개 면에 전면으로 이어졌다. 25일자에도 "오림픽 전사 손(孫)·남(南) 선수 세계제패"라는 합동광고가 나갔으니, 스포츠 스타를 활용한 최초의 스포츠 마케팅 사례였다. 안타깝게도 "만인의 환영을 밧는(받는) 백보환(百補丸)은 오림픽 선수들도 이미 복용 중"(『동아일보』 1936.8.14.) 같은 화평당의 사기 광고도 있었다.

올림픽은 스포츠 민족주의를 강화한다. 스포츠 민족주의가 광장에서 폭발했던 붉은악마 열풍은 1936년의 마라톤 우승에서부터 점화되었으리라. 올림픽이 열릴 때마다 우리나라를 KOREA로 할지 COREA로 표기할지 의견이 분분한데, 후자가 더 낫지 않을까? COREA로 표기하면 선수들이 더 먼저 입장하기도 하지만 우리나라가 핵심A(CORE-A) 국가라는 의미를 담을 수 있기 때문. 손기정의 후예들이여, 선전하라!

치약과 수명

국내 벤처기업에서 개발한 거품 치약이 미국식품의약국으로부터 일반의약품 인증을 받아 미국에 수출되고 있다. 거품 치약이란 칫솔 없이도 쓸 수 있고 치아미백과 구강 건강에 좋다는 거품 형태의 치약이다. 자연 재료, 가루 치약, 젤 치약, 페이스트 치약을 거쳐, 이제 거품 치약으로 치약의 역사가 바뀌는 것일까. 우리나라 사람들이 구강 위생에 눈을 뜨기 시작했던 일제강점기에는 치마(齒磨)를 많이 썼다.

고바야시상점(小林商店)의 라이온치마 광고(「매일신보」, 1937.12.15.)를 보자. 치마란 이를 닦는다는 뜻에서 쓴 가루 치약이다. 라이온치마 브랜드 이름을 헤드라인으로 쓰고 "귀여운 어린이를 위하야(위하여) 이것만은 반드시 잇지(잊지) 마십시요"라고 지시하며 두 가지를 당부하고 있다. 즉, "무서운 충치를 방비(防備, 예방)하기 위하야 어린이들의 니(이)를 반드시 닥도록(닦도록)" 해야 하며 "치마면 엇던(어떤) 것이든지 좃타는(좋다는) 것은 큰 잘못입니다. 라이온치마와 갓치(같이) 어린이들의 니에 제일 유익한 치마를 쓰지 안으면(않으면)" 안 된다는 것이다.

고바야시상점(小林商店)의 라이온치마 광고(「매일신보」 1937.12.15.)

색동저고리를 입은 어린이가 칫솔을 들고 이를 닦으려는
자세를 취하고 있는 그림에서 이 시기의 디자인이 선으로 그
리는 라인 드로잉에서 선 안에 색칠을 하는 삽화 형식으로 바
뀌어가고 있음도 확인할 수 있다. 이 광고에서는 충치 예방
을 위해 이를 닦아야 한다는 근대적 위생을 강조했다. 치마
는 치쇄자(齒刷子, 칫솔)와 함께 근대적 위생의 필수품이었다.
1920~1930년대에 우리나라에서는 라이온(ライオン), 구라부
(クラブ), 진탄(仁丹)이라는 3대 치약 브랜드의 광고전이 치열
하게 전개됐다.

식민지 조선인들에게는 이를 닦는 것 역시 근대인이 되는
필수 과정이었다. 치아 보호를 위해 이를 잘 닦아야 하겠지만,
이는 동물의 수명과도 상관관계가 있다고 한다. 소 장수들은

소의 건강상태를 알아볼 때 가장 먼저 소의 이빨을 검사한다. 사람도 마찬가지가 아닐까. 살아온 시간을 나타내는 연령(年齡)의 령(齡) 자에는 치(齒)가 들어 있다. '이(齒)의 명령(令)'이 나이고 수명이라는 뜻. 거품 치약이 이의 명령을 잘 듣는 치약의 역사를 새로 쓰기를 기대한다.

현대 광고 태동기(1945~1971)의 광고

한글 사랑

한글의 미래는 어떻게 될 것인가. 서울시는 한글에 관련된 두 가지 길을 조성한다는 계획을 세우고 서울 종로구 한글학회에서 통인동 자하문로 세종대왕 생가터까지 '한글 가온길'을 먼저 만들었다. 그리고 이어서 경복궁에서 세종대왕 생가터까지 탐방하는 '한글 나들이길'을 조성했다. 울산시에서도 중구에 있는 최현배(崔鉉培) 선생의 생가 주변을 '한글마을'로 꾸미고 있다. 이런 계획은 해방되자마자 곧바로 우리말 사전을 펴내 우리말의 중요성을 강조했던 선조들의 기획에 비해

을유문화사의 조선말큰사전 광고(「동아일보」, 1947.9.29.)

픽 늦은 감이 있다.

을유문화사에서 펴낸 조선말큰사전 광고(「동아일보」, 1947.
9.29.)에서는 "조선어학회 편찬 조선말큰사전"이라는 헤드라
인 아래 '예약신청 접수개시'를 알렸다. 보디카피는 다음과
같다. "수록어휘 20만 삽도(揷圖, 그림) 6천 매라는 최고의 대
사전인 조선어학회 편찬 '조선말큰사전'은 마침내 오는 10월
9일 뜻깊은 '한글날'에 그 제1권이 세상에 나오게 되었읍니
다. 이 사전이 편찬에 착수된 지 근(近) 30년 동안에 겪어온 파
란 많은 내력에 대해서는 이미 세상이 주지(周知, 널리 앎)하는
터이므로 (중략) 그러나 아시다 싶이(시피) 용지의 분량이 넉넉
지 못하여 많은 부수를 인쇄하지 못하는 것은 유감스러운 일
이라 하겠으니(중략)"

1947년 10월 9일에 첫째 권을 발행하고 1949년 10월 9일
에 마지막 여섯째 권을 발행한다는 내용도 밝혔다. 해방이 되

고 나자 일제강점기 동안 써왔던 일본어에서 벗어나 우리말과 우리글을 찾는 일이 무엇보다 시급했다. 사전 편찬에 참여했던 한글학자 외솔 최현배 선생은 '한글은 목숨'이라며 국어 연구에 평생을 바쳤다. 지금 우리가 쓰고 있는 한글 가로쓰기법을 창안한 분도 외솔 선생이었다.

일본어의 우산을 쓰다가 영어의 우산을 쓰더니 이제는 중국어라는 우산까지 써야 한다고들 한다. 하지만 주위를 둘러보라. 우리 말글을 제대로 쓰지 못하는 사람들이 뜻밖에도 많다. 한글을 목숨으로까지는 생각하지 않더라도 조금만 사랑해보자. 외국어 공부에 투자하는 시간의 십 분의 일만 노력해도 어느새 우리 말글 실력은 쑥쑥 커져 있을 터. 한글 가온길, 한글 나들이길, 한글마을에서 '한글은 목숨'이라던 최현배 선생의 말을 다시 한번 생각해보자.

오케스트라의 악기

봄이 오는 길목이나 가을의 문턱에 접어들면 이런저런 교향악 축제가 열린다. 이제 각 시도별로 교향악단도 늘어나 음악을 사랑하는 이라면 마음만 먹으면 얼마든지 아름다운 선율에 빠져들 수 있다. 음악을 몰라도 사는 데 문제는 없겠지만 음악을 사랑하지 않는다면 인생의 행복 하나를 건너뛰는 격

고려교향악단의 정기연주회 광고(「동아일보」 1948.2.20.)

이다. 특히 교향악은 우리에게 내면의 소리를 듣게 해준다. 해
방 후 어수선한 시국에서도 교향악이 연주되었다.

고려교향악단의 정기연주회 광고(「동아일보」, 1948.2.20.)에서
는 "해방 이래(爾來, 이후) 꾸준히 교향악 운동에 매진하는 조
선 유일의 고려교향악단"이라는 헤드라인 아래 연주회 곡목
을 명시했다. '모-찰트(모차르트) 저녁'이라는 연주회의 주제에
알맞게 쥬피터(주피터) 교향곡, 봐이올린(바이올린) 협주곡, 마
적(魔笛, 마술 피리) 서곡, 피가로의 결혼 서곡을 연주한다는 내
용이다. 바이올리니스트 안병소 선생이 지휘를 맡았다. 광고
에서는 그를 "오랜 침묵을 깨트리고 감연(敢然, 과감)히 나선

우리 악단의 지보(至寶, 지극히 귀한 보물)"라고 소개했다.

　고려교향악단(高麗交響樂團)은 1945년 9월 15일 현제명의 주도로 창단된 교향악단으로, 1948년에 제26회 정기 공연을 마지막으로 해체되었다. 그러니까 이 광고에서 알린 연주회는 악단을 해체하기 직전에 이루어진 셈이다. 고려교향악단은 그 후 서울교향악단으로 이어졌고 6·25전쟁 중에는 해군 정훈음악대가 되었다가 나중에 서울시립교향악단이 되었다.

　심포니 오케스트라 공연에 가면 악기마다 쓰임새가 따로 있다는 생각을 하게 된다. 관객 입장에서 보면 바이올린이나 첼로 같은 현악기 연주자는 거의 쉴 틈 없이 연주하니까 가장 많은 출연료를 받아야 할 것 같다. 피콜로나 플루트 같은 목관악기 연주자와 호른이나 트럼펫 같은 금관악기 연주자가 그 다음. 팀파니나 심벌즈 같은 타악기 연주자는 가장 적게 받아야 할 듯하다. 하지만 그렇게 하면 안 된다. 결정적 순간에 쨍 하고 울리는 타악기가 제 몫을 못하면 공연에 실패하기 때문이다. 사람의 운명도 악기와 같지 않을까? 바빠야 제 몫을 하는 사람이 있는가 하면, 평상시에는 노는 것 같지만 한순간의 결정적 역할로 제 몫을 톡톡히 해내는 사람도 있으니까.

위문품

우리나라의 초중고생들이 국군 장병에게 위문편지를 쓰거
나 위문품을 보내는 일이 연례행사가 된 적이 있었다. "국군
장병 아저씨께!"로 시작되는 편지와 함께 배달되는 위문품은
나라 지키는 군인들에게 기쁨을 주었으리라. 위문품의 품목
도 많이 변했다. 오랫동안 은단이나 사탕 같은 생필품 위주였
던 위문품이 군인전용 전화카드나 게임 아이템 같은 것으로
바뀌기도 했다. 지금도 위문품을 보내고 있지만 군대에 위문
품을 보내는 관행은 6·25 전쟁 때 본격적으로 시작되었다.

고려은단의 은단 광고(「동아일보」, 1952.12.24.)에서는 놀랍게
도 "보내자 위문품!"이라는 헤드라인을 썼다. '위문품을 보내
자'로 쓰지 않고 카피 수사학에서 강조하는 도치법을 써서 더
강력하게 행동을 촉구한 것이다. 곧이어 "북진(北進) 출발선
상(出發線上)의 장병들에게"라는 서브 헤드라인을 쓰고, 위문
용 은단의 서비스로 인기 여배우의 '프로마이트(브로마이드)'
를 삽입해 준다는 설명을 덧붙였다. 그리고 여배우 세 명의 사
진을 배치하고 "명우(名優, 유명 배우) 20명의 새로운 모습"이
라는 설명을 덧붙여 독자들의 기대감을 자극했다.

요약하면 북으로 진격할 태세를 갖춘 장병들에게 은단을
위문품으로 보내 격려하자는 내용이다. 위문품은 적과 아군

고려은단의 은단 광고(『동아일보』, 1952.12.24.)

이 서로 밀고 밀리는 전쟁터에서 국경을 종횡무진 누볐을 국
군 장병에게 큰 위안이 되었으리라. 국군 장병들은 국경을 넘
나들며 때로는 적진에 잠입하고 때로는 탈주하며 죽을 수 있
다는 불안감에 몸을 떨었을 것이다. 변화무쌍한 세계 속에 내
던져져 자신의 운명을 알지 못한 채 좌충우돌했던 파우스트
처럼 말이다.

　괴테의 『파우스트』 제1부 제3장의 '천상서곡'에서 하느님
은 악마 메피스토와 대화를 나누다 인간을 옹호하며 이렇게
이야기한다. "인간은 노력하는 한 방황한다." 존재를 찾기 위
해 노력하는 사람은 늘 방황할 수밖에 없다는 뜻. 다시 말해서

번민하지 않으면 인간일 수 없다는 것이다. 사선에서 피를 흘렸던 참전 용사들도 조국이라는 대의와 자신의 운명을 비교해가며 불면의 밤을 지새웠으리라. 그때 위문품이나 여배우의 브로마이드 사진은 방황을 잠시 멈추게 했을 것이다. 시대가 변했어도 위문품은 병사들에게 기쁨을 준다. 늘 방황하는 그들에게 작은 정성을 챙겨 보내자.

술 마시는 예의

어떻게 해야 술을 맛있게 마실 수 있을까. 주류 회사인 하이트진로는 『알고 마시면 더욱 맛있는 술』이라는 주류 상식 가이드를 발간하기도 했다. 이 책자에서는 맥주와 소주의 역사와 제조 공정 등을 소개했다. 특히, 여름철 맥주는 4~6도, 겨울철 맥주는 8~12도 때 마셔야 가장 맛있고, 소주는 첫 잔보다 8~10도를 유지하는 두 번째 잔이 가장 맛있다는 설명도 들어 있다. 우리는 보통 냉장고에 막 꺼낸 4~5도 정도의 소주 맛이 최고라고 생각하는데 너무 차면 혀의 감각이 무뎌져 소주 맛이 덜하다는 것이다. 어쨌든 소주는 오랜 세월 서민과 희로애락을 같이 해왔다.

서광주조의 진로 광고(「동아일보」, 1954.8.9.)에서는 '진로'라는 브랜드 이름을 크게 강조했다. 시각적 이미지로 '주(酒, 술)

서광주조의 진로 광고(「동아일보」 1954.8.9.)

의 사전'을 보고 있는 장면을 제시하면서 소주의 특성을 설명하는 아이디어도 돋보인다. 제품의 특성을 직접 설명하지 않고, "여름에는 변질주(變質酒, 변질되는 술)가 많은데 오-라(오호라) 진로 마는(만은) 절대 안심하고 먹을 수 잇구나(있구나)"라며 사전에 있는 내용을 읽듯이, 말풍선을 동원해 간접화 기법으로 제시하였다. 더불어 진로가 순곡주라는 설명도 빼놓지 않았다.

요약하자면 여름철에 쉬거나 변질되는 술이 많았던 당시에 순곡주인 진로만큼은 절대 안심하고 마실 수 있다는 내용을 강조했던 셈이다. 소주의 맛을 강조하기보다 변질되지 않는다는 차별점을 부각시켰다는 점에서 1950년대까지도 변질되지 않는 술을 만드는 기술이 정착되지 못했음을 알 수 있다. 진로에서 참이슬까지, 이 밖에도 여러 종류의 소주가 있었지만, 진로는 우리나라 소주 브랜드를 대표하며 발전해왔다.

주류 상식 가이드에서 제시한 대로 온도를 맞춰 술 마시기는 현실적으로 어렵다. 다만 인사불성으로 취해 위아래도 몰라보는 사람들이 많은 상황에서, 굳이 주도(酒道)를 들먹이지 않더라도 술 마시는 예의를 조금만 갖추면 술맛이 더 좋아질 것 같다. 술 평론가이자 막걸리학교 교장인 허시명은 『허시명의 주당천리』에서 주당 10계명을 제시했다. 그중 하나가 "술이 떡이 되지 말고, 술이 덕이 되게 하라"는 것. 술이 떡이 되도록 마시지 말고 자신의 생각에 덕이 될 수 있도록 마시라는 뜻이다. 소주도 한류라며 한국 소주를 세계의 명주로 만들자는 그의 제안도 솔깃해 혀에 침이 고인다.

비닐 장판의 추억

2012년 런던올림픽에서 금메달을 따내 우리나라의 체조 역사를 바꿔버린 양학선 선수. 올림픽 이후, 방송에서 그가 살아온 비닐하우스 집을 보여주었을 때 순간 유독 장판이 부각되어 눈시울이 시큼했다. 지금 바닥재 업체들이 친환경 제품을 내놓으면서 유해물질 제로에 도전한다며 홍보에 열을 올

국제비니루 상공사의 꽃장판 광고(「동아일보」, 1956.4.1.)

리고 있는 마당에 양 선수의 집은 추억 어린 비닐 장판을 원형 그대로 갖추고 있었기 때문이었다. 새로 짓는 아파트나 전원주택에는 거의 원목마루, 합판마루, 강화마루, 옥수수 소재의 마루 같은 친환경 소재가 기본으로 깔린다. 비닐 장판의 시대가 서서히 저물고 있다는 증거다. 이런 상황에서 그 시절의 신제품이었을 초창기 비밀 장판의 면모를 살펴보자.

국제비니루 상공사의 꽃장판 광고(「동아일보」, 1956.4.1.)에서는 "꽃장판을 깔면"이라는 가정형 헤드라인을 써서 소비자를 유인했다. 가정법을 썼을 때 기대감이 더 높아진다는 점을 겨냥한 듯하다. 꽃장판을 깔았을 때의 좋은 점 세 가지를 다음과 같은 보디카피로 소개하고 있다.

1. 온돌의 경우… 열을 받는 속도가 빨라서 방이 속(速)히 더웁고, 보온질로 되어있기 때문에 오래도록 식지 않는다.
2. 마루 · 응접실의 경우… 소제(掃除, 청소)에 간편하고 따라서 위생상 극치를 이룬다.
3. 기타 특점… 장구한 수명을 확보하기 때문에 절대 경제적임.

이 광고에서는 이름도 화려한 비니루(비닐) '꽃장판'의 특성을 온돌, 마루, 응접실 같은 모든 장소의 용도에 맞게 설명하고 있다. 즉, 어떤 바닥에 깔아도 좋다는 말인데, 그 쓰임새를 세세하게 설명하고 있어 소비자들이 쉽게 납득할 것 같다. 더욱이 광고의 마지막 부분에서 꽃장판은 국제비니루 상공사로 주문해야 모든 점에서 안심할 것이라며 소비자를 유도한 점도 인상적이다.

몇 해 전, 정부에서는 인체에 유해한 프탈레이트 물질이 함유된 바닥재 가소제에 대해 환경마크 인증을 해주지 않겠다고 발표했다. 프탈레이트 가소제란 폴리염화비닐(PVC) 바닥재에서 접착에 사용되는 첨가제로, 남성 호르몬의 변화, 당뇨병, 소아 비만의 원인이 되는 환경호르몬으로 지적되어 왔다. 이렇게 되면 친환경 소재를 활용한 바닥재가 기존의 비닐 장판을 대체한다. 이제, 비닐 장판은 서서히 소비의 역사 속으로 사라지고 있다. 아니면 '비닐 장판 위의 딱정벌레(가수 인순이의 노래)' 같은 노래로만 살아 있으리라.

정치 캠페인 슬로건

지난 2012년, 제18대 대통령으로 박근혜 후보가 당선되었다. 여러 명망가들은 각 당의 대통령 후보를 뽑는 전초전부터 슬로건 전쟁을 벌였다. 가나다순으로 살펴보자. "내게 힘이 되는 나라, 평등국가(김두관)" "대한민국은 민주공화국이다(김문수)" "낡은정치 세대교체(김태호)" "사람이 먼저다(문재인)" "내 꿈이 이루어지는 나라(박근혜)" "훈훈한 공동체 대한민국(박준영)" "저녁이 있는 삶(손학규)" "빚 없는 우리가족(안상수)" "걱정없는 나라(임태희)" "내일이 기다려진다(정세균)" 등이다. 선거 기간 내내 논쟁의 중심에 섰던 안철수 의원의 "상식과 원칙이 통하는 사회"도 있다. 슬로건이 위력을 발휘했던 1950년대로 거슬러 가보자.

제3대 대통령 선거에서 이승만의 자유당 정부를 비판하며 "못 살겠다, 갈아보자"고 했던 신익희 후보의 선거 슬로건은 대단한 위력을 발휘했지만, 선거운동 중에 그가 급서하자 선거전은 새로운 양상으로 전개되었다. 기호 1번 조봉암 후보의

대통령 선거 광고(「동아일보」, 1956.5.14.)에서는 "이번에도 못 바꾸면 4년 다시 더 못 산다"라는 슬로건을 헤드라인으로 썼다. 이는 신익희 후보의 슬로건을 계승해 보다 구체화시킨 것이다. 보디카피에서는 다음과 같은 공약 사항을 제시했다.

제3대 대통령 선거 기호 1번 조봉암 후보의 광고(「동아일보」, 1956.5.14.)

"전(全) 야당연합의 실(實)을 거(擧)하고 민주주의 창달을 위하여 거국일치 내각을 조직한다. 국회의석의 사정이 허여(許與, 권한이나 자격의 허락)되는 대로 내각책임제 개헌을 단행한다." "안으로 도탄에 빠진 민생문제를 해결하는데 전력을 기우리고(기울이고) 밖으로 민주우방과 긴밀한 제휴를 하여 평화적 국토 통일을 촉진한다." 이 선거에서 조봉암 후보가 216만 표를 얻어 30퍼센트의 지지율을 확보하자, 불안했던 자유당 정권은 그를 용공으로 몰아 1958년 7월 31일 사형시켰다. 자신의 슬로건에서 예언했던 내용을 지키기라도 한 듯, 그는 4년도 더 못 살고 저 세상으로 갔다.

다 그렇지는 않지만 미사여구만 나열한 슬로건도 많았다. 도대체 누구 것인지 알 수 없을 정도로 말은 좋은데 후보자는 보이지 않는다. 정치 캠페인 슬로건은 짧고 구체적이어야 한다. 투표장에서 누구든지 흥얼거릴 정도로 쉽고 운율까지 살아 있다면 더 좋겠다. 공약을 다 읽어보고 투표하는 유권자가 거의 없는 상황에서, 박빙의 승부일수록 정치 캠페인 슬로건은 보다 결정적인 영향을 미친다. 더욱이 정책 대결이 끝나면 이미지의 집약인 슬로건 대결로 접전을 펼치기 때문이다.

원자력에 대한 견해 차

고장으로 원자력발전소의 가동이 중단되면 국민의 불안감이 가중된다. 한국수력원자력은 원전 가동이 중단될 때마다 원전의 안전성에는 문제가 없으며 방사능 누출도 걱정할 필요가 없다는 입장을 밝혀왔다. 세계 여섯 번째 원전 수출국인 우리나라의 기술력은 세계적인데, 국민은 점점 불안해한다. 그런데 우리는 원자력에 대해 얼마나 알고 있을까. 1960년대에 벌써 '현대인이라면 원자력에 대한 지식을 가져야 한다'고 강조한 책 광고가 있어 인상적이다.

학원사의 『원자력 교실』 책 광고(「동아일보」, 1960.7.16.)에서는 "원자력에 대한 지식은 현대인의 필수과목"이라며 책 제

原子力에 對한 知識은 現代人의 必須科目이다

原子力教室

原名 On Nuclear Energy 　學生·敎師·知識人 必讀의 良書

原子力의 原理와 平和的 利用의 可能性을 喝破한 快著!

이 책은 美國 三大 國立原子爐硏究所의 하나인 Brookhaven 硏究所에서 活躍하고 있는 原子力의 大權威者 D. J. Hughes博士가 그 高貴한 體驗과 卓越한 識見으로 著述한 것을 서울大學校 文理科大學 敎授 趙淳卓博士가 全譯한 것이다.

高校·大学生의 別敎材로 最適!

定價 總 250面 高級印刷紙 使用 寫眞挿畵多數 特別價値 附 600

株式會社 學園社 發行

학원사의 『원자력 교실』 책 광고(『동아일보』, 1960.7.16.)

목을 헤드라인으로 썼다. 미국 브룩헤이번(Brookhaven) 연구소 휴지스(D. J. Hughes) 박사의 『*On Nuclear Energy*』를 서울대학교 의 조순탁(趙淳卓) 교수가 번역한 책으로 국판 250쪽이었다. 광고에서 "원자력의 원리와 평화적 이용의 가능성을 설파한 쾌저!"라고 설명하며 초기의 원자로 형태를 제시한 점도 눈길 을 끈다. 광고에서는 학생, 교사, 지식인이라면 원자력을 알아 야 한다고 강조했다.

50여 년이 지난 지금 우리는 원자력에 대해 얼마나 알고 있을까? 명지대학교 연구팀은 원자력 안전 신뢰지수가 100점 만점에서 51.67점이라고 발표했다(2012년 기준). 동아일보 조사에서는 65.9퍼센트가 원전이 필요하다고 했지만 안전성에는 35.2퍼센트밖에 동의하지 않았다. 원자력 안전에 대해 신뢰하는 정도를 이성적·감성적 태도로 알아본 것이라, 지식의 정도에 관계없이 평소 느낌이 반영됐을 가능성이 크다. 따라서 한국수력원자력은 신뢰를 회복하고 소통하는 방안을 시급히 모색해야 한다.

"주인이 보기에는 반 병밖에 안 남았네. 손님이 보기에는 반 병이나 남았네." 유명한 시바스 리갈 위스키 광고 카피다. 반쯤 남은 술에 대한 생각도 입장에 따라 다르듯, '원전, 얼마나 안전해야 충분히 안전한가?'라는 원자력계의 오래된 화두 역시 견해 차이가 크다. 원자력 관련 책을 한 권도 읽지 않은 상태에서 선입견에 따라 부정적 편견을 갖는 사람들도 있다. 모두가 원자력 전문가가 될 필요는 없겠지만 객관적인 가치 판단을 하려면 최소한의 공부는 해야 한다. 비판을 위해서라면 더욱 더 말이다.

스마트TV 콘텐츠

바야흐로 스마트TV의 시대다. 텔레비전 수상기에 웹 구동 운영체제를 탑재해 텔레비전과 인터넷의 기능을 동시에 제공하는 지능형 차세대 멀티미디어인 스마트TV. 방송과 통신의 경계가 무너지는 스마트 미디어 시대에, 스마트TV는 방송통신 융합 미디어의 종결자가 될 것 같다. 1956년 HLKZ-TV가 화재로 소실되고, 1961년 12월 31일 서울텔레비전방송국(KBS-TV 전신)이 개국한 이후 반세기만의 변화다.

화신산업주식회사의 웨스팅하우스 텔레비전 판매광고(「동아일보」, 1962.2.21.)에서는 "테레비(텔레비전)는 Westinghouse"라는 헤드라인 아래, 테-불(테이블)형 23인치와 19인치 및 포-타불(포터블)형 19인치 상품을 소개했다. 규격을 인치(inch)라 부르지 않고 인치를 뜻하는 '촌(吋)'으로 표기하며 세계적 기준에 따라 텔레비전을 선택하라며 다음과 같은 보디카피를 제시했다. "테레비의 부피가 얇고, 화면이 평면에 가까우며, 화면이 장방형(長方形)이고, 대형 스크린이어야 하며, 근거리 시청에도 지장이 없도록 보안장치(Tinted Filter)가" 있어야 한다

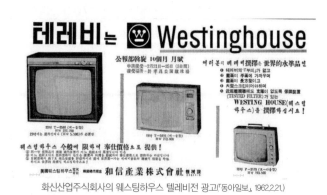

화신산업주식회사의 웨스팅하우스 텔레비전 광고(「동아일보」, 1962.2.21.)

는 것.

보디카피에서 제시한 다섯 가지는 요즘 텔레비전의 선택 기준으로 적용해도 타당하니 그저 놀라울 뿐이다. 텔레비전이 어떻게 진화할지 예상한 셈인데, 그 예상대로 텔레비전 기술력이 발전한 것이다. 우리나라에서 텔레비전 방송을 시작했던 1962년 무렵에는 텔레비전 수상기를 국내에서 생산하지 못해 정부는 수입 텔레비전 수상기를 두 차례에 걸쳐 면세로 도입해 월부로 보급했다. 효창공원 축구장에서 10개월 월부로 TV주문 신청을 받는다는 행사고지 광고 내용은 그런 정책이 반영된 증거다.

스마트TV 시대에는 원하는 시간대에 원하는 프로그램을 앱(app)을 이용해 시청하고, 텔레비전의 사회연결망서비스(SNS)를 통해 친구들과 수다를 떨 수도 있게 되었다. 이런 상황에서 텔레비전 방송은 지난 50여 년 동안 써먹어온 영상 문법을 넘어서는 새롭고 창의적인 콘텐츠를 필요로 하게 되었다. 미디어 플랫폼이 어떻게 달라지더라도 결국은 내용이다. 시청자들은 콘텐츠의 구성력에 따라 밀물처럼 혹은 썰물처럼 반응할 테니까.

라디오의 말길질

1960년대 들어 잇따라 라디오 방송국이 개국했다. 1961년 7월에 서울국제방송(HLCA)이, 8월에 광주기독교방송(HLCL)이, 11월에 이리기독교방송(HLCM)이 개국했고, 부산문화방송(MBC)은 12월에 서울 지역 라디오 방송을 시작했다. 1962년 10월에는 기독교방송이 방송 허가를 받았고, 동아일보사는 1963년 4월 25일 동아방송(DBS) 라디오를 개국함으로써 국내 최초로 방송 겸영 신문사가 되었다. 우리나라 전체의 텔레비전 수상기가 3만 4,774대에 불과했던 1963년 무렵에는 라디오가 대세였다.[21]

금성사의 금성라디오 광고(「동아일보」, 1965.8.14.)에서 그 무렵 사람들의 라디오 청취 행동을 엿볼 수 있다. T-810 트랜지스터 라디오의 안테나를 한껏 뽑아 올리고 여인이 눈을 감은 채 감동에 취해 고혹적인 자태로 라디오를 듣고 있다. 별도의 헤드라인 없이 금성라디오라는 브랜드를 내세웠다. "위로의 벗/ 즐거움의 벗/ 지식의 벗/ 언제 어디서나/ 당신의 벗"이라는 보디카피에서 알 수 있듯이, '벗'이라는 단어를 네 번씩이나 강조했다. 라디오의 손잡이도 세워 놓아 언제 어디서나 휴대할 수 있음도 빼놓지 않았다.

요약하면, 인생의 희로애락을 느끼는 순간에 라디오는 늘

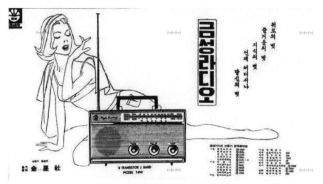

금성사의 금성라디오 광고(『동아일보』, 1965.8.14.)

벗이 되어준다는 내용이다. 오래도록 친하게 사귀어 온 사람이 친구라면, 서로 깊은 마음까지 나누는 사이는 벗이다. 친구는 벗에 비할 바가 못 된다. 지금은 자주 쓰이지 않는 벗이라는 단어를 강조했던 점에서 볼 때, 당시에 라디오는 마음까지 주고받았던 미디어라고 할 수 있겠다. 그 시절엔 라디오 소설에 대한 인기가 폭발적이었는데 요즈음의 인기 드라마 이상이었다. 벗 같은 매체였기에 가능했으리라.

라디오는 전달하는 메시지를 머릿속에 그리게 한다. 라디오는 신데렐라 같은 매체가 아닐까. 청취자 스스로 상상하게 만드는 여백과 상상의 미디어이기도 하다. 라디오를 '마음의 극장'이라 하는 까닭은, 영상은 없지만 소리를 듣는 순간 영화 같은 이미지를 머릿속에 떠오르게 하기 때문이다. 순식간에

사라져버리는 영상 이미지에 비해, 발길질하듯 귀에 쏙쏙 박
히는 라디오의 '말길질'은 더 오래오래 기억된다. 결코, 라디
오 시대는 끝나지 않았다.

진로교육은 부모부터

자녀의 진로에 대해 관심이 많은 부모들. 전국의 중고교에
는 학생의 진로를 지도하는 진로진학 상담교사가 있다. 그렇
지만 교사의 상담은 한계가 있을 수밖에 없다. 학생의 진로 결
정에 더 큰 영향을 미치는 주체는 부모이기 때문이다. 그런데
부모는 자녀가 좋아하는 쪽으로 진로를 안내하기보다 자신의
선호를 자녀에게 강권하는 경우가 많다. 나중에 꼭 뭐가 되어
야 한다며 강요하니 자녀들은 따분해한다. 1960년대에 학생
이었던 지금의 부모들에게 학생 때 집에서 따분하지 않았냐

평문사의 『자녀교육백과』 광고(『동아일보』 1965.11.17.)

고 자녀들이 물어보면 절대 그렇지 않았다며 그들은 손사래를 칠 것이다.

평문사의 『자녀교육백과』 광고(「동아일보」, 1965.11.17.)에서는 "가정은 따분하다고 몸부림치는 자녀들의 교육에 새 방향을 제시하는, 부모들의 필수 독본"이라는 헤드라인으로 자녀교육백과를 설명하고 있다. 서울대학교 대학원장 박종홍 박사를 비롯한 명사 일곱 명의 추천 문구를 소개하는 것으로도 모자랐는지, 전문가 여덟 명의 서평까지 덧붙이고 있다. 대부분이 진로교육 지침서로 손색이 없다는 찬사 일색이다.

윤태림은 "가정은 따분하다고 자녀들은 외친다. 과연 10대의 반항은 이유가 없을까? 그들의 정신세계를 연령에 따라 분석 검토함으로써 건전한 성격형성의 길을 모색하고 있다"고 했다. 백현기는 "입시의 문은 지옥의 문, 이를 통과하기엔 부모들의 피맺힌 노력이 요청된다. 그러나 소경이 소경을 인도할 수는 없다. 자녀의 필승을 위해 부모로서 알아야 할 진학, 진로의 안내서"라고 했다.

그로부터 50여 년이 지난 지금, 현재도 진로교육이 더 필요해 보인다. 여러 학교에서는 진로교육 전용 교실인 '커리어존'을 운영하고 있다. 커리어 존은 교육과학기술부나 한국직업능력개발원의 관심 분야이기도 하다. 상담교사가 열성적으로 진로교육을 해도 부모의 생각이 바뀌지 않는다면 아무 소용이 없다. 진로교육은 학생보다 부모가 먼저 받아야 할 것 같다. 자녀와 부모의 희망이 일치했을 때는 별문제 없겠지만, 그렇지 않을 때는 자녀의 의견이 먼저다. 부모들이 알고 있는 직업 말고도 해마다 새로운 직업들이 등장한다. 다양한 직업에 대해 부모가 더 많이 알면 알수록, 자녀의 진로 문제를 더 쉽게 풀 수 있다.

뜨개질을 하자

언제부터 사라졌는지 우리 주변에서 뜨개질하는 모습을 자주 볼 수 없게 되었다. 몇 해 전 부산 해운대구의 '뜨개질 봉사단'이 눈길을 끌었던 적이 있다. 해외 빈곤국의 저체온증 신생아들을 살리려는 봉사활동 자체로도 의미 있지만, 뜨개질로 모자 300개를 만들어 보내기로 했다는 그 방법이 더 인상적이었다. NGO 단체인 세이브더칠드런의 '신생아 살리기 모자 뜨기 캠페인'에서도 중요한 봉사 수단이 뜨개질이다. 최근 들어 뜨개질이 부활하는 것 같아 반갑다.

태광산업의 비둘기표 엑쓰란 혼방사 광고(「동아일보」, 1968.8.29.)는 "이건 내 솜씨예요!"라는 헤드라인에 털실 스웨터 사진을 제시했다. 광고에 제시된 스웨터는 공장에서 대량 생산한 요즘 스웨터에 비해 결코 손색이 없다. 사람의 머리 부

태광산업의 비둘기표 엑쓰란 혼방사 광고(『동아일보』 1968.8.29.)

분을 털실 뭉치로 묘사하고 실타래를 풀어 머리카락이 날리는 듯이 연출한 점도 인상적이다. "온 가족의 옷을 정성 들여 짠다는 것은 주부들의 보람차고 즐거운 일일 것입니다. 당신의 행복 가족의 행복을 비둘기표 엑쓰란 혼방사로 짜 보세요"라는 보디카피에서 전통적인 주부상을 엿볼 수 있다.

혼방사(混紡糸)란 성질이 다른 두 가지 이상의 섬유를 한데 섞어 만든 실이다. 여성들은 그 실로 뜨개질을 했다. 옷 살 돈이 없어서가 아니라 여성들의 보편적 취미였기 때문이다. 효율성으로만 따지자면 뜨개질처럼 비효율적인 것도 없다. 틈틈이 바쁘게 손을 놀려 스웨터나 목도리를 뜨지만 완성하기까지는 생각보다 많은 시간이 필요하기 때문이다. 하지만 뜨개질을 효율로만 평가할 수 없다. 누군가 애인을 생각하며 뜨개질을 했다면, 그건 옷을 뜬 게 아니라 사랑을 뜨개질한 것이다. 실종된 남편 오디세우스를 기다리며 날마다 낮에 짰던

천을 밤이면 다시 풀어버렸던 페넬로페처럼 말이다.

뜨개질은 손의 촉감을 높여 손재주 개발에도 좋다고 한다. 스마트 미디어의 총아라 할 수 있는 스마트폰은 인간의 오감 중에서 손의 촉각을 섬세하게 반영해 만들었다. 시간이 남을 때 스마트폰만 만지작거리지 말고 뜨개질을 해보는 건 어떨까? 가장 비효율적인 뜨개질이 가장 효율적인 성찰의 시간을 만들어 줄지도 모른다. 이어령 선생이 주창했던 '디지로그'도 이런 맥락이 아니겠는가.

광고 문화 미시사

광고란 분명 상품 판매의 수단이지만 거기에는 분명 세세하고 시시콜콜한 인생의 이야기가 담겨 있다. 미시사 방법으로 광고물을 분석하면 당대의 흔적을 엿볼 수 있다. 곽차섭의 비유처럼, 롱 샷으로 역사를 보는 방법이 거시사라면 미시사는 줌 렌즈로 사물을 당겨보는 것.[22] 정통적 역사연구 관점인 공자의 술이부작(述而不作, 옛 것을 풀이할 뿐 창작하지 않음)에는 향기가 나지 않는다. 광고 메시지에 나타난 단서를 통해 과거를 상상하고 재구성하는 '술이작(述而作)'을 시도하면 커피 향을 즐기듯 역사의 향기까지 맡을 수 있다.

동서식품의 맥스웰하우스 커피 광고(「동아일보」, 1971.1.14.)

동서식품의 맥스웰하우스 커피 광고
(『동아일보』, 1971.1.14.)

에서는 "언제 어디서나 안심하고 사실 수 있는 맥스웰하우스 인스탄트 (인스턴트) 커피"라는 헤드라인 아래, "마지막 한 모금까지 신선한 향기가 살아있읍니다"라며 향의 혜택을 내세웠다. 남미에서 원두를 직수입해 "생산에서 공급까지 50시간"밖에 걸리지 않기 때문에 커피 향이 살아 있다는 것. '세계적인 커피의 명문'인 맥스웰의 기술과 품질보증을 바탕으로 수출까지 한다고 강조했다. 커피가 담긴 병을 크게 제시함으로써 상품의 겉포장 자체를 강렬한 매력으로 부각시켰다.

인생이란 어쩌면 한 잔의 커피와 같지 않을까? 이와 관련된 외국의 어떤 영상물 내용을 간략히 소개하면 다음과 같다. 서른 명이 만나는 어떤 모임, 원두가 끓고 있다. 호화로운 장식의 잔부터 종이컵까지 다양한 커피 잔이 놓여 있다. 사람 수가 너무 많아 같은 잔을 준비하기 어려웠기 때문이다. 커피를 담아 가라는 손짓에, 사람들은 호화로운 잔 쪽으로 우르르 몰려

간다. 그중 한 명이 종이컵을 집어 들며 말한다. "잔이 아닌 커피가 더 중요한데……." 맞다. 커피의 품질은 안중에 없고 커피 잔에만 신경 쓰는 풍조가 주변에도 만연해 있다. 잔(겉포장)에 먼저 신경 쓸 게 아니라 커피의 품질(내용)을 점점 높인 후, 능력이 될 때 잔까지 고급으로 갖춘다면 더 낫지 않겠는가.

광고라는 이름의 커피 잔에도 인생이 담겨 있다. 광고를 상품 판매 메시지로만 본다면 겉포장이 화려한 잔만 보는 것이다. 광고의 내용을 하나하나 음미하다 보면 광고 한 편에서 당대 문화의 표정도 읽을 수 있다. 그리고 당대의 문화를 촘촘하고 두껍게 기술하면 역사의 파노라마를 읽을 수 있다.[23] 지금도 그렇지만, 140여 년 전의 광고에도 그 시대 문화의 표정이 녹아 있다. 그것을 발견하게 하는 것이 미시사 방법의 묘미다.

주

1) 강심호,『대중적 감수성의 탄생: 도박, 백화점, 유행』, 살림, 2005.
   신기욱·마이클 로빈슨 엮음, 도면회 옮김,『한국의 식민지 근대성: 내재적 발전론과 식민지 근대화론을 넘어서』, 삼인, 2006.
2) 황현, 허경진 옮김,『매천야록 : 지식인의 눈으로 바라본 개화와 망국의 역사』, 서해문집, 2006.
3) 김병희·신인섭,「미시사적 관점에서 본 근대광고의 근대성 메시지 분석」,『광고학연구』(18-3), 한국광고학회, 2007.
4) 박정자,『로빈슨 크루소의 사치: 소비사회를 사는 현대인의 정경』, 기파랑, 2006.
5) 신인섭·김병희,『한국근대광고걸작선 100: 1876-1945』, 커뮤니케이션북스, 2007.
6) 김병희·신인섭,「미시사적 관점에서 본 근대광고의 근대성 메시지 분석」,『광고학연구』(18-3), 한국광고학회, 2007.
7) 신인섭·김병희,『한국근대광고걸작선 100: 1876-1945』, 커뮤니케이션북스, 2007.
8) 하루야마 유키오, 강승구·김관규·신용삼 옮김,『서양광고문화사』, 한나래, 2007.
9) 이상길,「유성기의 활용과 사적 영역의 형성」,『언론과 사회』(9-4), 성곡언론문화재단·언론과사회, 2001.
10) 김병희·윤태일,『한국 광고회사의 형성: 구술사로 고쳐 쓴 광고의 역사』, 커뮤니케이션북스, 2011.
11) Marieke de Mooij,『*Consumer Behavior and Culture: Consequences for Global Marketing and Advertising*』, Sage, 2004.
12) 천정환,『근대의 책 읽기: 독자의 탄생과 한국 근대문학』, 푸른역사, 2003.
13) 박천홍,『매혹의 질주, 근대의 횡단: 철도로 돌아본 근대의 풍경』, 산처럼, 2003.
14) 곤와지로, 김려실 옮김,「고현학이란 무엇인가」,『현대문학의 연구』(15), 한국문학연구학회, 2000.
15) 서범석·원용진·강태완·마정미,「근대 인쇄광고를 통해 본 근대적

주체 형성에 관한 연구: 개화기-1930년대까지 몸을 구성하는 상품 광고를 중심으로」, 『광고학연구』(15-1), 한국광고학회, 2004.

16) 아서 아사 버거, 엄창호 옮김, 『애착의 대상: 기호학과 소비문화』, 커뮤니케이션북스, 2011.

17) 백지혜, 『스위트 홈의 기원』, 살림, 2005.

18) Marieke de Mooij, 『*Consumer Behavior and Culture: Consequences for Global Marketing and Advertising*』, Sage. 2004.

19) Juliann Sivulka, 『*Soap, Sex, and Cigarettes: A Cultural History of American Advertising*』. Wadsworth Publishing Company, 1998.

20) 가라타니 고진, 조영일 옮김, 『언어와 비극』, 도서출판b, 2004.

21) 김병희, 「한국 텔레비전 방송광고 50년의 흐름과 특성」, 김병희·김영희·마동훈·백미숙·원용진·윤상길·최이숙·한진만, 『한국 텔레비전 방송 50년』, 커뮤니케이션북스, 2011.

22) 곽차섭, 「미시사: 줌렌즈로 당겨본 역사」, 『역사비평』(46), 역사비평사, 1999.

23) Clifford Geertz, 『*Thick Description: Toward an Interpretive Culture. in The Interpretation of Cultures*』, Basic Books, 1973.

광고로 보는 근대문화사

펴낸날	초판 1쇄 2014년 11월 28일

지은이	김병희
펴낸이	심만수
펴낸곳	(주)살림출판사
출판등록	1989년 11월 1일 제9-210호

주소	경기도 파주시 광인사길 30
전화	031-955-1350 팩스 031-624-1356
기획·편집	031-955-4671
홈페이지	http://www.sallimbooks.com
이메일	book@sallimbooks.com

ISBN	978-89-522-2998-4 04080

이 도서의 국립중앙도서관 출판시도서목록(CIP)은 서지정보유통지원시스템 홈페이지
(http://seoji.nl.go.kr)와 국가자료공동목록시스템(http://www.nl.go.kr/kolisnet)에서
이용하실 수 있습니다.(CIP제어번호: CIP2014032866)

책임편집	박종훈

089 커피 이야기 eBook

김성윤(조선일보 기자)

커피는 일상을 영위하는 데 꼭 필요한 현대인의 생필품이 되어 버렸다. 중독성 있는 향, 마실수록 감미로운 쓴맛, 각성효과와, 마음의 평화까지 제공하는 커피. 이 책에서 저자는 커피의 발견에 얽힌 이야기를 통해 그 기원을 설명한다. 커피의 문화사뿐만 아니라 커피에 대한 일반적인 정보 및 오해에 대해서도 쉽고 재미있게 소개한다.

021 색채의 상징, 색채의 심리

박영수(테마역사문화연구원 원장)

색채의 상징을 과학적으로 설명한 책. 색채의 이면에 숨어 있는 과학적 원리를 깨우쳐 주고 색채가 인간의 심리에 어떤 작용을 하는지를 여러 가지 분야의 사례를 통해 설명한다. 저자는 색에는 나름대로의 독특한 상징이 숨어 있으며, 성격에 따라 선호하는 색채도 다르다고 말한다.

001 미국의 좌파와 우파 eBook

이주영(건국대 사학과 명예교수)

진보와 보수 세력의 변천사를 통해 미국의 정치와 사회 그리고 문화가 어떻게 형성되고 변해왔는지를 추적한 책. 건국 초기의 자유방임주의가 경제위기의 상황에서 진보-좌파 세력의 득세로 이어진 과정, 민주당과 공화당의 대립과 갈등, '제2의 미국혁명'으로 일컬어지는 극우파의 성장 배경 등이 자연스럽게 서술된다.

002 미국의 정체성 10가지 코드로 미국을 말하다 eBook

김형인(한국외대 연구교수)

개인주의, 자유의 예찬, 평등주의, 법치주의, 다문화주의, 청교도 정신, 개척 정신, 실용주의, 과학·기술에 대한 신뢰, 미래지향성과 직설적 표현 등 10가지 코드를 통해 미국인의 정체성과 신념을 추적한 책. 미국인의 가치관과 정신이 어떠한 과정을 통해서 형성되고 변천되어 왔는지를 보여 준다.

058 중국의 문화코드

강진석(한국외대 연구교수)

중국의 핵심적인 문화코드를 통해 중국인의 과거와 현재, 문명의 형성 배경과 다양한 문화 양상을 조명한 책. 이 책은 중국인의 대표적인 기질이 어떠한 역사적 맥락에서 형성되었는지 주목한다. 또한, 구체적이고 실제적인 여러 사물과 사례를 중심으로 중국인의 사유방식에 대해 설명해 주고 있다.

057 중국의 정체성 `eBook`

강준영(한국외대 중국어과 교수)

중국, 중국인을 우리는 과연 어떻게 이해해야 하나? 우리 겨레의 역사와 직·간접적으로 끊임없이 영향을 주고받은 중국, 그러면서도 아직까지 그들의 속내를 자신 있게 말할 수 없는, 한편으로는 신비스럽고, 한편으로는 종잡을 수 없는 중국인에 대한 정체성을 명쾌하게 정리한 책.

015 오리엔탈리즘의 역사 `eBook`

정진농(부산대 영문과 교수)

동양인에 대한 서양인의 오만한 사고와 의식에 준엄한 항의를 했던 에드워드 사이드의 오리엔탈리즘. 이 책은 에드워드 사이드의 이론 해설에 머무르지 않고 진정한 오리엔탈리즘의 출발점과 그 과정, 그리고 현재와 미래의 조망까지 아우른다. 또한 오리엔탈리즘이 사이드가 발굴해 낸 새로운 개념이 결코 아님을 역설한다.

186 일본의 정체성 `eBook`

김필동(세명대 일어일문학과 교수)

일본인의 의식세계와 오늘의 일본을 만든 정신과 문화 등을 소개한 책. 일본인을 지배하는 이데올로기는 무엇이고 어떤 특징을 가지는지, 일본을 주목해야 하는 이유는 무엇인지 등이 서술된다. 일본인 행동양식의 특징과 토착적인 사상, 일본사회의 문화적 전통의 실체에 대한 분석을 통해 일본의 정체성을 체계적으로 살펴보고 있다.

261 노블레스 오블리주 세상을 비추는 기부의 역사

예종석(한양대 경영학과 교수)

프랑스어로 '높은 사회적 신분에 상응하는 도덕적 의무'를 뜻하는 노블레스 오블리주. 고대 그리스부터 현대까지 이어지고 있는 노블레스 오블리주의 역사 및 미국과 우리나라의 기부 문화를 살펴보고, 새로운 시대정신으로 노블레스 오블리주를 부활시킬 수 있는 가능성을 모색해 본다.

396 치명적인 금융위기, 왜 유독 대한민국인가 eBook

오형규(한국경제신문 논설위원)

이 책은 전 세계적인 금융 리스크의 증가 현상을 살펴보는 동시에 유달리 위기에 취약한 대한민국 경제의 문제를 진단한다. 금융안전망 구축 방안과 같은 실용적인 경제정책에서부터 개개인이 기억해야 할 대비법까지 제시해 주는 이 책을 통해 현대사회의 뉴노멀이 되어 버린 금융위기에서 살아남는 방법을 확인해 보자.

400 불안사회 대한민국, 복지가 해답인가 eBook

신광영 (중앙대 사회학과 교수)

대한민국 사회의 미래를 위해서 복지는 선택이 아니라 필수라고 말하는 책. 이를 위해 경제 위기, 사회해체, 저출산 고령화, 공동체 붕괴 등 불안사회 대한민국이 안고 있는 수많은 리스크를 진단한다. 저자는 사회적 위험에 대응하기 위한 복지 제도야말로 국민 모두의 삶의 질을 높일 수 있는 길이라는 것을 역설한다.

380 기후변화 이야기 eBook

이유진(녹색연합 기후에너지 정책위원)

이 책은 기후변화라는 위기의 시대를 살면서 우리가 알아야 할 기본지식을 소개한다. 저자는 기후변화와 관련된 핵심 쟁점들을 모두 정리하는 동시에 우리가 행동해야 할 실천적인 대안을 제시한다. 이를 통해 독자들은 기후변화 시대를 사는 우리가 무엇을 해야 할 것인지에 대하여 생각해 볼 수 있을 것이다.

사회 · 문화

eBook 표시가 되어있는 도서는 전자책으로 구매가 가능합니다.

(주)살림출판사
www.sallimbooks.com
주소 경기도 파주시 문발동 522-1 | 전화 031-955-1350 | 팩스 031-955-1355